PETER BECKER ◆ MARCO NICKE

Bewertung des Anlagevermögens öffentlicher Einrichtungen

Ein Leitfaden

Verlag Wissenschaft & Praxis

Die Deutsche Bibliothek – CIP-Einheitsaufnahme

Becker, Peter :
Bewertung des Anlagevermögens öffentlicher Einrichtungen : ein Leitfaden. / Peter Becker ; Marco Nicke. – Sternenfels : Verl. Wiss. und Praxis, 2000
ISBN 3-89673-074-6

*Die Veröffentlichung wurde unterstützt durch das
Meissen-Institut für angewandte Kommunal-
und Verwaltungswissenschaften*

ISBN 3-89673-074-6

© Verlag Wissenschaft & Praxis
Dr. Brauner GmbH 2000
Nußbaumweg 6, D-75447 Sternenfels
Tel. 07045/930093 Fax 07045/930094

Alle Rechte vorbehalten

Das Werk einschließlich aller seiner Teile ist urheberrechtlich geschützt. Jede Verwertung außerhalb der engen Grenzen des Urheberrechtsgesetzes ist ohne Zustimmung des Verlages unzulässig und strafbar. Das gilt insbesondere für Vervielfältigungen, Übersetzungen, Mikroverfilmungen und die Einspeicherung und Verarbeitung in elektronischen Systemen.

Printed in Germany

Vorwort

Die kommunalen Körperschaften investieren jährlich Milliardenbeträge in die Schaffung öffentlicher Einrichtungen. Die Vorschriften des Gemeindewirtschafts- und Eigenbetriebsrechts, des Handels- und Steuerrechts, insbesondere aber die Bestimmungen über die Kalkulation von Benutzungsentgelten erlegen den Gemeinden, Landkreise und Zweckverbände umfangreiche Verpflichtung bei der Erfassung, Bewertung und Abschreibung dieses Vermögen auf. Voraussetzung dafür ist jedoch eine ordnungsgemäße Anlagenbuchführung.

Die Broschüre faßt den komplexen Stoff für die kommunale Praxis zusammen. Mit abgedruckt sind auch Abschreibungstabellen und Auszüge der einschlägigen gesetzlichen Bestimmungen. Durch zahlreiche Muster und Verfahrenshinweise wollen wir dem Verwaltungspraktiker damit ein leicht verständliches und dennoch umfassendes Werk an die Hand geben, das den Aufbau und die Führung einer Anlagenbuchhaltung ermöglicht und über viele Detailfragen Auskunft gibt.

Unser Dank gilt Frau Nora Blankenburg für die Unterstützung bei der Erstellung der Druckvorlagen.

Meissen, im Februar 2000   Die Verfasser

Inhaltsverzeichnis

Vorwort..V

Abkürzungsverzeichnis..X

Literaturverzeichnis...XII

**1. TEIL GEGENSTAND UND UMFANG DER VERMÖGENS-
BEWERTUNG**... 1
1.1 GESETZLICHE GRUNDLAGEN DER ANLAGENBUCHFÜHRUNG 1
1.1.1 Sinn und Zweck des Anlagenachweises..................2
1.1.2 Umfang der Vermögensbewertungspflicht.............. 3
1.1.3 Gegenstand des Vermögensnachweises 4
1.1.4 Gliederung des Gemeindevermögens 5
1.1.5 Zum Begriff der kostenrechnenden Einrichtung............ 9
1.1.6 Anlagenachweise und Vermögensrechnung................ 10
1.2 FORM, INHALT UND GLIEDERUNG DES ANLAGENACHWEISES 12
1.2.1 Form und Inhalt..12
1.2.2 Gliederung der Anlagekartei 13

**2. TEIL DIE ERFASSUNG DER EINZELNEN
VERMÖGENSGEGENSTÄNDE**...................................... 14
2.1 GRUNDLAGEN DER ERFASSUNG 14
2.1.1 Allgemeine Voraussetzungen............................ 14
2.1.2 Organisatorische Voraussetzungen 14
2.1.3 Gliederung des Anlagevermögens (Vermögensgruppen) 16
2.1.4 Zuordnung zu den Vermögensgruppen............... 17
2.1.5 Zusammenfassung von selbständigen Vermögenswerten 20
2.2 BESONDERHEITEN BEI DER ERFASSUNG VON KANALEINRICH-
TUNGEN DER ABWASSERBESEITIGUNGSANLAGE 22

3. TEIL DIE BEWERTUNG DES SACHANLAGEN 24
3.1 DIE KALKULATORISCHEN ABSCHREIBUNGEN 24
3.1.1 Zweck und Bedeutung der kalkulatorischen Abschreibungen,

	Nutzungsdauer eines Anlagegutes	24
3.1.2	Abschreibungsdauer	24
3.1.3	Anpassung der Abschreibungssätze	25
3.1.4	Ausbuchung von Ersatzbeschaffungen	30
3.1.5	Abschreibungsmethoden	31
3.1.6	Bemessungsgrundlage für die kalkulatorische Abschreibung	33
3.1.7	Wiederbeschaffungsendwert	47
3.1.8	Vergleich zwischen Anschaffungs- oder Herstellungskosten und Wiederbeschaffungszeitwerten als Grundlage der kalkulatorischen Abschreibungen	48
3.1.9	Abschreibungsbeginn und Dauer der Abschreibung	49
3.1.10	Berechnung der Abschreibung	50
3.1.11	Verminderung der Abschreibung bei Ertragszuschüssen	50

4. TEIL DIE BEWERTUNG VON ALTANLAGEN 55

4.1	ALLGEMEINE GRUNDLAGEN	55
4.1.1	Bewertung auf der Grundlage der Wiederbeschaffungszeitwerte	55
4.1.2	Bewertung auf der Grundlage des Restbuchwertes	56
4.2	BESONDERHEITEN BEI DER BEWERTUNG DES ANLAGE-VERMÖGENS EHEMALIGER VOLKSEIGENER BETRIEBE DER WASSERVERSORGUNG UND ABWASSERBEHANDLUNG (VEB WAB)	57
4.2.1	Bewertung des Vermögens und der Schulden nach dem D - Markbilanzgesetz	57
4.2.2	Problemstellung	58
4.2.3	Historischer Überblick	59
4.2.4	Fehler bei der Aufstellung der Eröffnungsbilanzen	63
4.2.5	Auswirkungen und Rechtsfolgen	71

5. TEIL HANDELSRECHTLICHE ASPEKTE BEI DER ANLAGEBEWERTUNG- BESONDERHEITEN BEI EIGENBETRIEBEN DER GEMEINDE 74

5.1	ÜBERBLICK ÜBER DEN HANDELSRECHTLICHEN VERMÖGENSNACHWEIS	74
5.2	UNMITTELBARE GELTUNG DER HANDELSRECHTLICHEN BESTIMMUNGEN BEI REGIE- UND EIGENBETRIEBEN	75
5.3	GELTUNG DES HANDELSRECHT FÜR EIGENBETRIEBE AUFGRUND	

	DER SÄCHSEIGENBVO..	78
5.3.1	ABGRENZUNG DER EIGENBETRIEBE ZUM REGIEBETRIEB............	78
5.3.2	GELTUNG DER HANDELSRECHTLICHEN BESTIMMUNG...................	79
5.3.3	Sondervorschriften über die Führung des Anlagenachweises bei Eigenbetrieben..	79
5.4	Allgemeine handelsrechtliche Bewertungsgrundsätze...............	81
5.4.1	Der Grundsatz der Bilanzidentität (§ 252 Abs. 1 Nr. 1 HGB)....	81
5.4.2	Der Grundsatz der Unternehmensfortführung (§ 252 Abs. 1 Nr. 2 HGB)..	82
5.4.3	Der Grundsatz der Einzelbewertung (§ 252 Abs. 1 Nr. 3 HGB).	82
5.4.4	Der Grundsatz der Vorsicht (§ 252 Abs. 1 Nr. 4 HGB)..............	83
5.4.5	Der Grundsatz der Periodenabgrenzung (§ 252 Abs. 1 Nr. 5 HGB)..	83
5.4.6	Der Grundsatz der Bewertungsstetigkeit (§ 252 Abs. 1 Nr. 6 HGB)..	83
5.5	BESONDERE BEWERTUNGSGRUNDSÄTZE	84
5.5.1	Bewertung des Anlagevermögens	84
5.5.2	Besonderheit bei der Behandlung von Zuschüssen	84
5.5.3	Bewertung des Umlaufvermögens...	86

Anhänge..89

Abkürzungsverzeichnis

Abs.	Absatz
AfA	Absetzung für Abnutzung
AHK	Anschaffungs- oder Herstellungskosten
AnwHiSächsKAG	Hinweise des Sächsischen Staatsministeriums des Innern zur Anwendung des Sächsischen Kommunalabgabengesetzes
BewG	Bewertungsgesetz
BFH	Bundesfinanzhof
BgA	Betrieb gewerblicher Art
BGB	Bürgerliches Gesetzbuch
BGH	Bundesgerichtshof
BMF	Bundesministerium der Finanzen
BStBl.	Bundessteuerblatt
DDR	Deutsche Demokratische Republik
DMBilG	D- Markbilanzgesetz
EStG	Einkommensteuergesetz
EStR	Einkommensteuerrichtlinien
ff	fortfolgende
HGB	Handelsgesetzbuch
i.d.R.	in der Regel
i.V.m.	in Verbindung mit
KGSt	Kommunale Gemeinschaftsstelle für Verwaltungsvereinfachung
Nr.	Nummer
Nrn.	Nummern

o.ä.	oder ähnliche
Rdn.	Randnummer
SächsBauO	Sächsische Bauordnung
SächsEigBG	Sächsisches Eigenbetriebsgesetz
SächsEigBVO	Sächsische Eigenbetriebsverordnung
SächsGemHVO	Sächsische Gemeindehaushaltsverordnung
SächsGemO	Sächsische Gemeindeordnung
SächsKAG	Sächsisches Kommunalabgabengesetz
SächsVwVfG	Sächsisches Verwaltungsverfahrensgesetz
SächsWG	Sächsisches Wassergesetz
u.a.	und andere
VEB	Volkseigener Betrieb
vgl.	vergleiche
VwV	Verwaltungsvorschrift
VwVfG	Verwaltungsverfahrensgesetz
WAB	Wasserversorgung und Abwasserbehandlung
Wbzw.	Wiederbeschaffungszeitwerte
z.Z.	zur Zeit

Literaturverzeichnis

Budde/Forster: D-Markbilanzgesetz, Kommentar, München 1991

Baumbach, Adolf / Hopt, Klaus: Kommentar zum Handelsgesetzbuch, 29. Auflage, 1995

Becker, Peter / Fulte Thomas: Kommunalabgabenrecht im Freistaat Sachsen 1998 (zitiert: Becker/Fulte)

Budde, Wolfgang- Dieter: Beck'scher Bilanzkommentar. Der Jahresabschluß nach Handels- und Steuerrecht, Das Dritte Buch des HGB, 3. Auflage 1995 (zitiert: Verfasser /Bilanzkommentar)

Faiss, Friedrich/ Faiss, Konrad/ Giebler, Peter/ Lang, Manfred/ Schmid, Hansdieter: Kommunales Wirtschaftsrecht in Baden Württemberg, 6. Auflage 1995 (zitiert: Faiss u.a.)

Gern, Alfons: Sächs. Kommunalrecht, Auflage 1994 (zitiert: Gern)

Heßhaus, Matthias: Bochumer Beiträge zum Berg- und Energierecht, Bd. 26, Kalkulation Kommunaler Bewertungsgebühren, 1997 (zitiert: Heßhaus)

Graichen, Dieter u. a. (Autorenkollektiv): Sozialistische Betriebswirtschaftslehre, Lehrbuch, 2. Auflage 1973

Schaudigel, Christoph: Der Betrieb nichtwirtschaftlicher kommunaler Unternehmen in der Rechtsform des Privatrechts, 1995 (zitiert: Schaudigel)

Quecke/Schmid: Gemeindeordnung für den Freistaat Sachsen, ergänzbarer Kommentar mit weiterführenden Vorschriften, Berlin 1993

Wöhe, Günther: Einführung in die Allgemeine Betriebswirtschaftslehre, 18. Auflage 1993 (zitiert: Wöhe)

Zeiß, Friedrich (Hrsg.): Das Recht der gemeindlichen Eigenbetriebe, 4. Auflage 1993 (zitiert: Zeiß)

Lindenmaier / Möhring (Hrsg.): Nachschlagewerk des BGHZ, Loseblattsammlung (zitiert: Lindenmaier/Möhring

1. Teil: Gegenstand und Umfang der Vermögensbewertung

1.1 Gesetzliche Grundlagen der Anlagebuchführung

Die Vermögensgegenstände der Gemeinde sind nach § 89 Abs. 3 Sächs-GemO ordnungsgemäß nachzuweisen. Diese Nachweispflicht wird für das **Anlagevermögen kostenrechnender Einrichtungen**[1] in § 38 GemHVO[2] konkretisiert und die Pflicht zu Führung von Anlagenachweisen auferlegt. Sie gilt aber nur für das Vermögen solcher Einrichtungen von Gemeinden und Zweckverbänden, die nach den Vorschriften der GemHVO geführt werden, also die **Regiebetriebe** sind.

Für **Eigenbetriebe** gelten hingegen diesbezüglich weitgehend die Vorschriften des Dritten Buchs des HGB. Sie haben ihr Vermögen deshalb wie Kaufleute nachzuweisen. Die **handelsrechtlichen Vorschriften** über den Vermögensnachweis sind darüber hinaus auch auf Regiebetriebe anzuwenden, wenn sie nach § 1 Abs. 1 HGB als **Kaufleute** gelten.

Die Regelungen ähneln sich jedoch weitgehend, weshalb zunächst auf die Vorschriften des klassischen Gemeindewirtschaftsrechts eingegangen werden soll. Die handelsrechtlichen Besonderheiten sind im 5. Teil gesondert dargestellt.

Die ordnungsgemäße Führung der Anlagenachweise ist Gegenstand der Rechnungsprüfung (vgl. § 10 Abs. 2, Nr. 12 KomPrG[3]).

---

[1] Zum Begriff unten Tz. 1.1.4.
[2] Auszugsweise abgedruckt in Anhang 1.
[3] Auszugsweise abgedruckt in Anhang 2.

1.1.1 Sinn und Zweck des Anlagenachweises

Die Form, in der das Anlagevermögen darzustellen ist, wird in § 38 Abs. 1 S. 1 GemHVO als Anlagenachweis bezeichnet (das Handelsrecht spricht wohl zutreffender vom Anlagenachweis). Grundsätzlich kommen dem Anlagenachweis zwei Aufgaben zu, nämlich die Bewertung und Wertfortschreibung sowie der Bestandsnachweis.

1.1.1.1 Bewertung- und Wertfortschreibung

Durch den Ausweis in den Anlagenachweisen sind die Gemeinden in der Lage, sich einen **Überblick** über das gesamte Sachvermögen ihrer kostenrechnenden Einrichtungen zu verschaffen, insbesondere also über bebaute und unbebaute Grundstücke, Wohneigentum oder Erbbaurechte, und zwar geordnet nach Menge und Wert. Durch die **Wertfortschreibung** in den Anlagenachweisen sind nicht nur die Zu- und Abgänge, sondern auch die Wertminderung der vorhandenen Gegenstände ablesbar.

Dies ist für die kommunale Finanzplanung von großer Bedeutung. Nur so kann die Gemeinde mit hinreichender Sicherheit abschätzen, wie lange Anlagegüter noch zur Verfügung stehen und wann und ggf. in welchem Umfang Mittel für eine Ersatzbeschaffung in den Haushalt eingestellt werden müssen. Anlagenachweise dienen also der **Planungssicherheit**.

Zwingend erforderlich sind sie darüber hinaus zumeist für das Abgabenrecht, denn sie schaffen die Voraussetzung für die Berechnung der kalkulatorischen Kosten zum Zwecke der **Gebührenkalkulation** und bilden gleichzeitig eine wichtige Grundlage für die **Kosten- und Leistungsrechnung** in der Verwaltung. Deshalb beinhalten die Anlagenachweise einerseits die Anschaffungs- oder Herstellungskosten oder als Alternative hierzu die Wiederbeschaffungszeitwerte[4] des jeweiligen Anlagegutes als Grundlage zur Ermittlung der kalkulatorischen Abschreibungen.[5]
Andererseits sind auch die Restbuchwerte als Differenz der Investitionskosten und der Summe der aufgelaufenen Abschreibungen auszuweisen, die die Basis für die **Kapitalverzinsung** bilden.[6]

---

[4] Zum Begriff unten Tz. 3.1.5.
[5] Vgl. § 38 Abs. 1 Satz 2 GemHVO i.V.m. § 13 Abs. 1 SächsKAG.
  Vor der Ermittlung der Abschreibung sind die Anlagewerte um die Ertragszuschüsse zu kürzen oder diese parallel dazu aufzulösen (zu den Einzelheiten vgl. 3.1.10).
[6] Vgl. § 38 Abs. 1 Satz 2 GemHVO i.V.m. § 12 Abs. 1, 2 SächsKAG.

Schließlich gehen die in den Anlagenachweisen ausgewiesenen Werte in die **Vermögensrechnung** der Gemeinde ein.

1.1.1.2 Bestandsnachweis

Daneben übernehmen die Anlagenachweise gleichzeitig die Funktion des **Bestandsnachweises** i. S. d. § 37 Abs. 1 GemHVO, den die Gemeinde grundsätzlich[7] über alle beweglichen und unbeweglichen Sachen und grundstücksgleichen Rechte, die ihr Eigentum sind oder ihr zustehen zu führen hat. Der Bestandsnachweis hat vor allem die Funktion, dem unbemerkten Verlust und der Veruntreuung von Vermögensgegenständen entgegenzuwirken.

Anlagenachweise sind gegenüber den Bestandsnachweisen jedoch qualifizierte Vermögensnachweise, denn aus ihnen geht nicht nur Art, Menge sowie Lage oder Standort sondern auch der **Wert** des Vermögensgegenstandes hervor.

1.1.2 Umfang der Vermögensbewertungspflicht

§ 38 Abs. 1 GemHVO konkretisiert die Pflicht zur Führung von Anlagenachweisen.

Danach sind für **bewegliche Sachen, Grundstücke** und **grundstücksgleiche Rechte, die kostenrechnenden Einrichtungen** dienen, gesondert für **jede** Einrichtung Anlagenachweise zu führen sind.

Welche Vermögensgegenstände einer kostenrechnenden Einrichtung dienen, in welchem Rahmen bzw. Umfang dies geschieht, ist in der jeweiligen **Satzung** oder **Benutzungsordnung** festzulegen[8].

Von den Restbuchwerten sind zur Kapitalverzinsung Beiträge sowie Zuweisungen und Zuschüsse Dritter, soweit sie als Kapitalzuschüsse gewährt wurden, und die Restbuchwerte der Ertragszuschüsse abzusetzen.

[7] Ausgenommen sind neben den Sachen, deren Bestand sich aus Anlagenachweisen ergibt, bewegliche Sachen mit Anschaffungs- oder Herstellungskosten von nicht mehr als 100 DM und bestimmte Vorräte (vgl. § 37 Abs. 2 GemHVO).

[8] Becker/Fulte, RN 244 ff.

Unabhängig von diesem **Pflichtnachweis** ist es der Gemeinde freigestellt, auch über unbewegliche und bewegliche Sachen und grundstücksgleiche Rechte, die nicht kostenrechnenden Einrichtungen dienen, sowie über sonstige vermögenswerte Rechte (z.B. Nutzungsrechte, Dienstbarkeiten, Konzessionen oder Zuteilungsquoten) Anlagenachweise zu führen,[9] um die Vermögenserhaltung bzw. -veränderung, also Zugänge, Abgänge oder Verzehr durch Gebrauch oder Zeitablauf im Sachvermögen nachzuweisen. Die Führung von Anlagenachweisen über die gesetzliche Pflicht hinaus ist insbesondere bei der **Einführung einer Kosten- und Leistungsrechnung** außerhalb von kostenrechnenden Einrichtungen unumgänglich, weil nur so die kalkulatorischen Kosten vollständig erfaßt werden können.

Der **Anlagenachweis** einer kostenrechnenden Einrichtung ergibt sich aus der Zusammenfassung aller Anlagekarten über die in der Einrichtung befindlichen Vermögensgegenstände. Die **Anlagekarten** ihrerseits enthalten die Daten der einzelnen **Anlagegüter**.

1.1.3 Gegenstand des Vermögensnachweises

Nachzuweisen sind nur die Anlagegüter der Gemeinde, die ihr gehören oder ihr zustehen. Zu den Anlagegütern, die der Gemeinde gehören, zählen zunächst die Vermögensgegenstände (Wirtschaftsgüter), die sich in ihrem **bürgerlich- rechtlichen Eigentum** befinden.

Darüber hinaus gehören auch die Wirtschaftsgüter zum Gemeindevermögen, die ihr nach § 39 Abs. 2 Nr. 1 AO zuzurechnen sind. Dazu gehören die Wirtschaftsgüter, über die sie, ohne bürgerlich- rechtlich Eigentümer zu sein, die **tatsächliche Herrschaftsmacht** in der Weise ausübt, dass sie den Eigentümer im Regelfall für die gewöhnliche Nutzungsdauer des Wirtschaftsgutes von der Einwirkung wirtschaftlich ausschließen kann **(wirtschaftliches Eigentum)**. Die Fälle des Treuhand- und des Sicherungseigentums sowie des Eigenbesitzes (§ 872 BGB) werden dabei ausdrücklich erwähnt. Auch bei Leasingverträgen stellt sich die Frage der Zurechnung. Ob das Wirtschaftsgut, das Gegenstand des Leasingvertrages ist, wirtschaftlich dem Leasing- Geber oder dem Leasing- Nehmer zuzurechnen ist, beurteilt sich nach den Umständen des Einzelfalls. Entscheidend ist dabei vor allem, ob der Leasingvertrag eher einen Mietvertrag oder einem

---

[9] § 38 Abs. 5 GemHVO.

Ratenkaufvertrag ähnelt.[10] Einzelheiten hierzu ergeben sich aus dem sog. „Leasing- Erlaß" des BMF.[11]

1.1.4 Gliederung des Gemeindevermögens

Anlagegüter werden zum einen in **abnutzbare** und **nicht abnutzbare** Vermögensbestandteile gegliedert. Abnutzbare Wirtschaftsgüter (insbesondere Gebäude, Fahrzeuge, Geschäftsausstattung) unterliegen einer beschränkten zeitlichen Nutzungsdauer und damit in der Regel einem ständigen Wertverzehr. Dadurch tritt eine kontinuierliche Vermögensminderung ein.

Zu den **nichtabnutzbaren** Wirtschaftsgütern gehören insbesondere Grundstücke (im handelsrechtlichen Sinne, also der Grund und Boden), Finanzanlagen und Kunstgegenstände, die zwar Wertschwankungen unterliegen in ihrer Substanz aber erhalten bleiben. Sie sind daher getrennt von den abnutzbaren Wirtschaftsgütern zu erfassen.

Da nur für bewegliche Sachen, Grundstücke und grundstücksgleiche Rechte Anlagenachweise zu führen sind, empfiehlt es sich das Anlagevermögen im weiteren in Anlehnung an den Bilanzaufbau in Sachanlagen, Finanzanlagen und sonstige vermögenswerte Rechte (immaterielle Vermögensgegenstände) zu untergliedern.

1.1.4.1 Sachanlagen

Zu den Sachanlagen gehören

a) **unbewegliche Sachen**, also vor allem Grundstücke aber auch grundstücksgleiche Rechte. Hierzu zählen insbesondere dingliche Rechte, wie das Erbbaurecht (§ 1 ErbbauVO), Grunddienstbarkeiten (§§ 1018 ff. BGB), beschränkt persönliche Dienstbarkeiten (§§ 1090 ff. BGB) und der dingliche Nießbrauch an Sachen (§§ 1030 ff. BGB);

b) **sonstige dingliche Erwerbs- und Verwertungsrechte**, also dingliche Vorkaufsrechte (§§ 1094 BGB), Reallasten (§ 1105 ff. BGB) und Grundpfandrechte (§§ 1113 ff. BGB);

---

[10] BFH 12.9.1991, BStBl. 1992 II, S. 182.
[11] Schreiben des BMF vom 19.04.1971, BStBl 1971 I, S. 264.

c) **bewegliche Sachen** mit Ausnahme der **Betriebsvorräte** und der **geringwertigen Wirtschaftsgüter**.

Geringwertige Wirtschaftsgüter i. S. d. § 6 Abs. 2 Einkommensteuergesetz (EStG) sind **bewegliche** Vermögensgegenstände, die einer Abnutzung unterliegen, selbständig nutzungsfähig[12] sind und deren Anschaffungskosten ohne Umsatzsteuer 800 DM nicht übersteigen. Selbständig nutzungsfähig ist ein Anlagegut nur dann, wenn es **seiner Bestimmung nach** allein genutzt werden kann und nicht erst im Zusammenwirken mit anderen Vermögensgegenständen seinem Zweck dient (z.B. die Bestuhlung eines Versammlungsraums). Geringwertige Wirtschaftsgüter werden i.d.R. in Entsprechung zu § 6 Abs. 2 EStG bereits im Jahr der Anschaffung in voller Höhe abgeschrieben.

Vermögensgegenstände kostenrechnender Einrichtungen mit einem Wert **zwischen 100 DM und 800 DM**, die somit nicht in Anlagenachweisen zu führen sind (vgl. FN 6), müssen deshalb nach § 37 Abs. 1 GemHVO von der Gemeinde in ein **Bestandsverzeichnis** aufgenommen werden.

Bei **Sachanlagen** ist, wie ausgeführt, der Eigentumsbegriff des § 39 AO, der sich im wesentlichen am bürgerlichen Recht orientiert, maßgebend. Gemietete oder gepachtete Anlagen sind somit von einer Erfassung im Anlagenachweis ausgenommen.

Schwieriger gestaltet sich die Einordnung von **Leitungen auf fremden Grund und Boden**. Grundsätzlich sind sie als Bestandteile des jeweiligen Grundstücks anzusehen und stehen damit im Eigentum des Grundstückseigentümers. Sie gelten nach § 95 Abs. 1 S. 2 BGB jedoch als **Scheinbestandteile** des Grundstücks, sofern sie auf einem dinglichen Recht (z.B. einer Grunddienstbarkeit) beruhen. Das Eigentum an der Leitung verbleibt damit bei der Gemeinde. Bei einer rein hoheitlichen Inanspruchnahme eines fremden Grundstücks (z.B. infolge der Vollziehung eines Planfeststellungsbeschlusses) liegen die Voraussetzungen des § 95 Abs. 1 S. 2 BGB zwar nicht vor[13], allerdings erfolgt die Zurechnung wegen der öffentlich-rechtlichen Bindungen über § 39 Abs. 2 Nr. 1 AO (vgl. oben Tz. 1.1.3).

---

[12] Vgl. auch § 38 Abs. 4 GemHVO und § 5 Abs. 1 VwV Gliederung und Gruppierung.
[13] Lindenmaier / Möhring, § 95 Nr. 16.

Die Gemeinden können insbesondere bei **Hausanschlüssen** auch in der Satzung regeln, dass Anschlußleitung nicht zur öffentlichen Einrichtung gehören. Damit sind sie vom Anschlußnehmer selbst zu legen und stehen infolge dessen auch in seinem Eigentum.

1.1.4.2 Finanzanlagen

Finanzanlagen werden nur in der **Vermögensrechnung** nachgewiesen (§ 43 Abs. 1 Nr. 1 SächsGemHVO). Anlagenachweise sind hierüber nicht zu führen. Trotzdem sollten auch über Finanzanlagen in gleicher Form wie für die Sachanlagen Anlagenachweise geführt werden, um der Gemeinde einen genauen Überblick über das gesamte als Anlagevermögen in der jeweiligen kostenrechnenden Einrichtung gebundene Kapital zu verschaffen.[14]

Zu den Finanzanlagen gehören
a) **Beteiligungen und Wertpapiere** der Gemeinde. Hierunter fallen jedoch nur solche Beteiligungen und Wertpapiere, die die Gemeinde über eine bloße Geldanlage von Kassenmitteln hinaus erworben hat;[15]
b) **Forderungen aus Darlehen**, wobei nicht auf den (weiten) Darlehensbegriff i. S. d. § 605 BGB abzustellen ist, der z.B. auch den Rückforderungsanspruch des Guthabens eines Girokontos umfaßt. Vielmehr ist auf die Zweckbestimmung der Geldüberlassung als Darlehen abzustellen, die sich regelmäßig aus einer Veranschlagung im Vermögenshaushalt ergibt;
c) **Kapitaleinlagen** in Zweckverbänden oder anderen kommunalen Zusammenschlüssen, das in **Sonderrechnungen** nachzuweisende **Sondervermögen**, insbesondere das Stammkapital der Eigenbetriebe.

1.1.4.3 Sonstige vermögenswerte Rechte

Handels- und steuerrechtlich werden sie zumeist als immaterielle Vermögensgegenstände erfaßt. Im Gemeindewirtschaftsrecht werden sie teilweise auch zu den Finanzanlagen gezählt.[16] Im allgemeinen versteht man hierunter Konzessionen, gewerbliche Schutzrecht sowie Lizenzen, aber auch

---

[14] Die Karteikarten zur Erfassung der Sach- und Finanzanlagen sollten sich jedoch deutlich z.B. in der Farbe unterscheiden.
[15] Faiss u.a. RN 494, 1007.
[16] Faiss u.a. RN 496 ff.

Rechtspositionen, wie die Nutzungsberechtigung an Sachen und Rechten aufgrund schuldrechtlicher Verträge.[17]

Da es sich aber nicht um grundstücksgleiche Rechte handelt, die zum Sachanlagevermögen zählen, sind hierüber an sich keine Anlagenachweise zu führen. Wegen der Erfassung kalkulatorischer Kosten für die Gebührenberechnung besteht jedoch eine Besonderheit, wenn die Gemeinde einer anderen Gemeinde (Fremdgemeinde) das **Recht zur Mitbenutzung einer öffentlichen Einrichtung** einräumt. Ist die Schaffung der Einrichtung mit hohen Investitionskosten verbunden, wie z.B. bei der Abwasserbeseitigung, wird sich die Fremdgemeinde durch einen Zuschuß an den Anschaffungs- oder Herstellungskosten der Einrichtung beteiligen (müssen). Die Behandlung dieses Zuschusses hängt davon ab, welcher wirtschaftliche Erfolg mit der Zahlung bewirkt werden soll.

Hat die mitbenutzende Gemeinde sich durch die Zahlung das **Recht zur Mitbenutzung** erworben, handelt es sich um den **Kaufpreis** für ein Recht. Der Betrag ist daher bei der Fremdnutzergemeinde **wie eine Sachanlage** als vermögenswertes Recht zu aktivieren und über die Laufzeit des Rechts abzuschreiben. Die Abschreibung ist neben den laufenden Zahlungen an die Eigentümergemeinde für die Mitbenutzung der Einrichtung (ggf. zusammen mit einer kalkulatorischen Verzinsung) in ihre Gebührenkalkulation einzustellen. Aus Sicht der Eigentümergemeinde stellt die Zahlung einen Zuschuß zu den Anschaffungs- oder Herstellungskosten dar und ist deshalb hiervon abzuziehen.[18]

Stellt die Zahlung dagegen quasi eine **kapitalisierte Vorauszahlung** auf die **Kosten der künftigen Inanspruchnahme** dar, ist der Zuschuß nicht als vermögenswertes Recht zu behandeln. Eine Aktivierung im Anlagevermögen der mitbenutzenden Gemeinde ist daher nicht zulässig. Vielmehr ist die Ausgabe sofort als Aufwand zu buchen. Bei der Eigentümergemeinde entfällt eine Absetzung von den Anschaffungs- und Herstellungskosten. Die Abschreibungen und die kalkulatorische Verzinsung der Einrichtung geht vielmehr in vollem Umfang in die Kosten ein, an denen sich die Fremdgemeinde anteilig zu beteiligen haben wird. Wegen seines Vorauszahlungscharakters dient der Zuschuß nun dazu, die laufenden Kosten und damit das zu bezahlende Entgelt zu vermindern. Die Eigentümergemeinde

---

[17] Zu den Einzelheiten vgl. Schnicke/ Reichmann, Bilanzkommentar, § 247 RN 375.
[18] Zu Kapitalzuschüssen siehe unten, Tz 3.1.11.

muß den Zuschuß daher **ertragswirksam auflösen** und den Auflösungsbetrag **bei den Kosten absetzen**.

Welcher Zweck verfolgt wird, läßt sich nur durch Auslegung der Mitbenutzungsvereinbarung ableiten.

1.1.5 Zum Begriff der kostenrechnenden Einrichtung

Wie eingangs erwähnt, hat die Gemeinde nur für ihre kostenrechnenden Einrichtungen Anlagenachweise zu führen. Die Gemeindeordnung des Freistaates Sachsen selbst kennt den Begriff der kostenrechnenden Einrichtung nicht. Eine Legaldefinition enthält jedoch § 12 GemHVO, wonach als kostenrechnende Einrichtungen die Einrichtungen der Gemeinde bezeichnet werden, die in der Regel **ganz oder zum Teil aus Entgelten** finanziert werden.[19] Demnach können sowohl **nichtwirtschaftliche** wie auch **wirtschaftliche Unternehmen** Gegenstand einer kostenrechnenden Einrichtung sein.

Zu den **nichtwirtschaftlichen Unternehmen** zählen Einrichtungen mit einem stark ausgeprägten öffentlichen Zweck, bei denen weniger erwerbswirtschaftliche als kulturelle, gesundheitliche und soziale Zielsetzungen im Vordergrund stehen.[20] Hierzu gehören einerseits Einrichtungen zur Erfüllung der Pflichtaufgaben (§ 97 Abs. 2 Nr. 1 SächsGemO) wie auch andererseits Theater, Konzerthallen, Altenheime, Badeanstalten, Musikschulen etc.

Wirtschaftliche Unternehmen sind dagegen solche, die neben der öffentlichen Zweckerfüllung auch einen Ertrag für den Haushalt der Gemeinde abwerfen sollen (§ 97 Abs. 3 SächsGemO).

Weder zu den wirtschaftlichen noch zu den nichtwirtschaftlichen Unternehmen und damit auch **nicht zu den kostenrechnenden Einrichtungen** gehören daher insbesondere die **Hilfsbetriebe**, wie z.B. der Bauhof und **Querschnittseinheiten**, wie z.B. die Personalämter. Für diese Einrichtungen besteht daher keine Pflicht, Anlagenachweise zu führen.

---

[19] § 12 GemHVO ist nicht auf Eigenbetriebe anzuwenden.
[20] Schaudigel, S. 59.

Wie bereits eingangs ausgeführt, greift die Vorschrift des § 38 GemHVO darüber hinaus nur, soweit die kostenrechnende Einrichtung als **Regiebetrieb** geführt wird. Bei **Eigenbetrieben oder Unternehmen in der Form des privaten Rechts** (also z.b. GmbH, AktG) ist das Vermögen nach der SächsEigBVO (vgl. insbesondere § 10 Abs. 2 SächsEigBVO) bzw. den Bilanzierungsvorschriften der §§ 240 ff. HGB und damit nach den Grundsätzen der ordnungsgemäßen Buchführung (GoB) nachzuweisen (zu den Einzelheiten siehe unten 5.Teil).

1.1.6 Anlagenachweise und Vermögensrechnung

1.1.6.1 Geldvermögensrechnung

Grundsätzlich ist das Anlagevermögen[21] der kostenrechnenden Einrichtungen in einer besonderen **Vermögensübersicht** als Anlage zur Jahresrechnung auszuweisen.[22] Das Anlagevermögen ist hierbei nach Art und Aufgabenbereich zu gliedern. Der Gesetzgeber schreibt somit lediglich die Führung der Geldvermögensrechnung einschließlich des Nachweises über das Sachvermögen der kostenrechnenden Einrichtungen vor.[23] Das Sachvermögen ist damit nicht zwingend Bestandteil der **Vermögensrechnung** der Gemeinde.[24]

1.1.6.2 Teil- Vollvermögensrechnung

Den Kommunen ist es jedoch im § 43 Abs. 2 GemHVO freigestellt, auch das Sachvermögen der **kostenrechnenden Einrichtungen** in die Vermögensrechnung aufzunehmen. Es wird in diesem Fall Bestandteil der Jahresrechnung. Man spricht dann von der **Teil- Vollvermögensrechnung** als Vorstufe der Vollvermögensrechnung. Diese Form der Vermögensrechnung ist bei der **Finanzplanung** von Vorteil, insbesondere kann sie als Instrument zur Sicherung der stetigen Aufgabenerfüllung im Bereich der kostenrechnenden Einrichtungen eingesetzt werden.[25]

---

[21] Zum Begriff vgl. Anlage 1 Nr. 2 zur GemHVO.
[22] Vgl. § 39 Abs. 2 Nr. 1 i.V.m. § 44 Abs. 1 GemHVO.
[23] Vgl. § 88 Abs. 1 SächsGemO, die Vollvermögensrechnung könnte durch eine Verordnung vorgeschrieben werden (vgl. § 127 Abs. 1 Nr. 20 SächsGemO), davon wurde jedoch vom Verordnungsgeber kein Gebrauch gemacht.
[24] Vgl. § 43 Abs. 1 GemHVO.
[25] Vgl. Tz 1.1.1.1.

1.1.6.3 Vollvermögensrechnung

Die **Vollvermögensrechnung** ist die Vermögensrechnung über das Geldvermögen sowie das **gesamte** Sachvermögen der Gemeinde, also über das der kostenrechnenden Einrichtungen hinaus. Hierzu zählt z.B. auch das Verwaltungsvermögen. Gegenüber der Geldvermögensrechnung kann die Vollvermögensrechnung Aussagen zum Stand der Aufgabenerfüllung, zum interkommunalen Vergleich, zur Substanzerhaltung und - ver-änderung, zur Eigenkapital-/ Fremdkapitalquote sowie zu Planungs- und Entscheidungshilfen treffen. Die Kommunen sind jedoch gesetzlich nicht zu einer solch umfassenden Vermögensrechnung verpflichtet. Für die Einführung einer Kosten- und Leistungsrechnung ist sie jedoch unabdingbare Voraussetzung.

1.2 Form, Inhalt und Gliederung des Anlagenachweises

1.2.1 Form und Inhalt

In den Anlagenachweisen sind die Anschaffungs- oder Herstellungskosten bzw. Wiederbeschaffungszeitwerte und die Abschreibungen mit ihren Veränderungen auszuweisen (§ 38 Abs. 1 Satz 2 i.V.m. Abs. 3 S. 2 GemHVO). Weitere Einzelheiten ergeben sich aus dem in Anlage 17 zur VwV Gliederung und Gruppierung verbindlich vorgeschriebenen Muster für Anlagenachweise.[26] Demnach müssen sie mindestens die Anschaffungs- oder Herstellungskosten oder Wiederbeschaffungszeitwerte mit Zugängen und Abgängen, die Abschreibungen sowie die Restbuchwerte beinhalten.

1.2.1.1 Gruppenbewertung

Nach § 38 Abs. 2 SächsGemHVO ist es zulässig, in den Anlagenachweisen für die einzelnen Einrichtungen gleichartige oder zweckgleiche Vermögensgegenstände oder solche, die einem einheitlichen Zweck dienen, zusammengefaßt auszuweisen **(Gruppenbewertung)**. Dadurch soll ein Vereinfachungseffekt erzielt werden. Hierbei muß jedoch Art und Menge der zusammengefaßten Gegenstände erkennbar bleiben. Zwar wird eine Gleichwertigkeit sowie eine übereinstimmende Nutzungsdauer der zusammenzufassenden Wirtschaftsgüter nicht verlangt. Darauf ist jedoch im Hinblick auf eine möglichst genaue Ermittlung der jährlichen Abschreibungsbeträge zu achten.

Die Möglichkeit der Gruppenbewertung ist auch im Hinblick auf geringwertige Wirtschaftsgüter von Bedeutung. Werden mehrere gleichartige Anlagegüter angeschafft, die einzeln betrachtet zwar geringwertige Wirtschaftsgüter i. S. d. § 6 Abs. 2 EStG darstellen (siehe oben Tz 1.1.4.1 lit. c), deren Gesamtsumme jedoch den entsprechenden Wert überschreitet, sind sie gemeinsam zu aktivieren und gemeinsam abzuschreiben. Damit wird eine ungleichmäßige Kostenbelastung verschiedener Rechnungsperioden verhindert.

---

[26] Vgl. Anhang 3

1.2.1.2 Festwerte

Außerdem kann der Bestand von Vermögensgegenständen, der sich in seiner Größe und seinem Wert über längere Zeit nicht erheblich verändert, mit **Festwerten** ausgewiesen werden. Dies ist besonders dann der Fall, wenn sich Zu- und Abgänge regelmäßig ausgleichen, der **Bestand** also nur **sehr geringen Änderungen** unterliegt. Da die Bewertung zu Festwerten nur in einem engen Rahmen zugelassen ist, ist jedoch in angemessenen Zeitabständen eine Überprüfung und gegebenenfalls eine Anpassung der einzelnen Werte unbedingt erforderlich.[27]

1.2.1.3 Abschreibungen und Wertberichtigungen

Abschreibungen weisen den Betrag der verbrauchsbedingten Wertminderung der betriebsnotwendigen Anlagen zum Nachweis des Vermögens und zur Feststellung der Kosten als Grundlage der Gebührenkalkulation aus (ausführlich unten Tz 3.1). Nach § 38 Abs. 3 GemHVO sind die Abschreibungen grundsätzlich nach den für die Eigenbetriebe der Gemeinde geltenden Grundsätze zu bemessen. Damit gelten über § 6 Abs. 2 SächsEigBG insbesondere die Abschreibungsvorschriften der §§ 253 Abs. 3, 254, 255 HGB.[28] Bei der Ermittlung der Abschreibungen ist darauf zu achten, dass die Anlagegüter einzeln abgeschrieben werden; Gesamtabschreibungen auf die jeweilige Einrichtung sind nicht zulässig. In Ausnahmefällen können Vermögensteile zu einer Gruppe zusammengefaßt und gemeinsam abgeschrieben werden (z.B. Leitungsnetze im Bereich der Abwasserbeseitigung, zu den Einzelheiten sogleich).[29]

1.2.2 Gliederung der Anlagekartei

Wie eingangs ausgeführt ist zwar vorgegeben, welchen Inhalt Anlagenachweise haben müssen, nicht aber, nach welcher Ordnung die Anlagekartei als Ganzes aufzubauen ist. Wegen ihrer vielfältigen Funktion (vgl. oben Tz 1.1.1) ist es sinnvoll, ihre Gliederung an der Ordnung des Haushalts auszurichten.

---

[27] § 38 Abs. 2 Sätze 2 und 3 GemHVO.
[28] Vgl. auch § 11 Abs. 2 Nr. 1 SächsKAG.
[29] Zeiß, S. 335.

2. Teil: Die Erfassung der einzelnen Vermögensgegenstände

2.1 Grundlagen der Erfassung

2.1.1 Allgemeine Voraussetzungen

Die Erfassung der Vermögensgegenstände erfolgt grundsätzlich durch eine **körperliche Aufnahme im Rahmen einer stichtagsbezogenen Inventur.** Zwar besteht bei bereits vorhandenen Vermögensgegenständen auch die Möglichkeit, statt der körperlichen Bestandsaufnahme eine Buchinventur durchzuführen. Dies setzt jedoch voraus, dass über den Vermögensgegenstand bereits eine Anlagekartei vorhanden ist, die den Anforderungen an einen Anlagenachweis entspricht. Die bei Altanlagen oftmals vorhandenen sogenannten „WAB-Listen" eignen sich hierfür in aller Regel nicht.[30]

Bei der Inventur ist darauf zu achten, dass jedes Wirtschaftsgut **einzeln** erfaßt wird. Eine Ausnahme von dieser Regel gilt bei der Erfassung der Kanäle von Abwasserbeseitigungsanlagen, die getrennt nach Straßen erfolgen sollte. Dies ist notwendig, um später die aufgrund von Leitungserneuerungen erforderlich werdenden Ausbuchungen vornehmen zu können.

2.1.2 Organisatorische Voraussetzungen

Um eine aktuelle und wertgenaue Anlagebuchhaltung zu errichten, muß die Inventur zur Erfassung der Vermögensgegenstände rechtzeitig und umfassend vorbereitet werden. Hier ist es unbedingt notwendig, in der Verwaltung **Verantwortliche** für die Erfassung und Bewertung der einzelnen Anlagegüter zu benennen. Des weiteren sollten unter Vorgabe von verbindlichen Terminen einheitliche Pläne und Richtlinien für den Ablauf der Inventur erstellt werden. Auch muß darauf geachtet werden, dass alle notwendigen Rechnungen und Belege (soweit vorhanden) rechtzeitig zur Verfügung stehen und das eingesetzte Personal hinreichend geschult ist.

---

[30] Zu den Einzelheiten ausführlich unten Tz. 4.2.4.1.4.

Ein besonderes Augenmerk sollten die Kommunen jedoch auf die **Übernahme der ermittelten Daten in die EDV** legen, um den Aufbau und die Weiterführung der gesetzlich vorgeschriebenen Anlagenachweise zu ermöglichen.

Die Erfassung der Anlagegüter muß in Anlehnung an vorhandene Pläne oder sonstige Unterlagen und getrennt in abnutzbare und nicht abnutzbare Wirtschaftsgüter erfolgen. Sind **keine verwendbaren Unterlagen** vorhanden, greift die Gemeinde auf einen einheitlichen Beleg zur Erfassung der Vermögensgegenstände zurück, der wie folgt gestaltet werden sollte:

Erfassungsbeleg für bewegliches Anlagevermögen[31]

Laufende Nummer
Bezeichnung
Stückzahl/Menge
Inventarnummer
   einzeln
   von
   bis
Hersteller
Typ
Modell
Standort
Bewertungsbasis
Anschaffungs-, Herstellungskosten
Wiederbeschaffungszeitwert
Rechnung
   Nummer
   Termin
geringwertiges Wirtschaftsgut
betriebsnotwendig
abnutzbar
Abschreibungsbeginn
   Monat
   Jahr

---

[31] Entnommen aus Finanzwirtschaft 3/1997, Seite 50.

Nutzungsdauer (Jahre) _____
Nutzungsdauer neu (Jahre) _____
Datum _____
Unterschrift _____
Anlageklasse _____

In der Zeile Bewertungsbasis ist die Art und Höhe der verwendeten Bewertungsgrundlage anzugeben.

Die Vergabe einer Anlageklasse dient der Systematisierung des Anlagevermögens und setzt die Existenz eines Anlagekontenrahmens voraus.

Als Grundlage für die Erfassung bestimmter Vermögensgegenstände muß ein Verzeichnis verwendet werden, in dem alle Art- und Sortiermerkmale sowie der Standort der Anlagegüter aufgeführt sind (z.B. **Kanalkataster**).[32] Es ist Voraussetzung für die genaue und lückenlose Erfassung des Bestandes der Anlagegüter. Erst aufgrund dieses Verzeichnisses ist eine wirklichkeitsnahe Bewertung der Vermögensgegenstände und die Schaffung ausreichender Wertnachweise möglich.

2.1.3 Gliederung des Anlagevermögens (Vermögensgruppen)

Wie dargelegt, sind selbständige Anlagegüter grundsätzlich gesondert zu erfassen und zu bewerten. Im Regelfall stellt jede Sache i. S. d. § 90 BGB auch ein selbständiges Anlagegut dar.

Es empfiehlt sich, die **Unterteilung der einzelnen Vermögensgegenstände** unter den Gesichtspunkten des für das Steuerrecht geltende Bewertungsrecht **(Bewertungsgesetz)** vorzunehmen. Diese Unterteilung entspricht auch den handelsrechtlichen Vorschriften des § 247 HGB,[33] so dass beispielsweise bei einer Umwandlung der Einrichtung in einen Eigenbetrieb die Gliederung bereits der einer Bilanz entspricht und damit beibehalten werden kann.

---

[32] Zu den Einzelheiten unter Tz. 2.2.
[33] Vgl. Schnicke/Reichmann, Bilanzkommentar, RN 450 ff. zu § 247.

Erfahrungsgemäß ergeben sich Schwierigkeiten insbesondere bei der Abgrenzung von Grundstücken, Grundstücksbestandteilen und -zubehör. Für die Abgrenzungs- und Bewertungsfragen kann jedoch i.d.R. auf die umfangreichen zu § 68 BewG ergangenen Richtlinien und Verwaltungsanweisungen zurückgegriffen werden. Die nachfolgende Darstellung enthält daher nur einen zusammenfassenden Überblick.

Anlagegüter sind danach, auch wenn sie nach den Vorschriften des bürgerlichen Rechts (§ 94 ff. BGB) ein einheitliche Sache darstellen, in die nachfolgenden **Vermögensgruppen** zu untergliedern.

2.1.4 Zuordnung zu den Vermögensgruppen

a) Grundstücke

Als Grundstück im bewertungsrechtlichen Sinne wird nur der **Grund und Boden** ohne Bauwerke angesehen. Auch Versorgungsleitungen und Kanäle sowie Außenanlagen (dazu unten lit. e) sind nicht Teil des Grund und Bodens. Sie sind deshalb als eigenes Anlagegut zu erfassen. Des weiteren dürfen nur solche Grundstücke körperlich erfaßt werden, die bereits oder in absehbarer Zeit der kostenrechnenden Einrichtung zur Verfügung stehen und ihr somit **dienen**. Grundstücke, die funktional oder räumlich nicht mit der kostenrechnenden Einrichtung in Verbindung gebracht werden können, sind lediglich Bestandteil des **allgemeinen Grundvermögens** der Gemeinde.

b) Gebäude

Die Merkmale eines Gebäudes sind unter anderem in § 2 Abs. 1 und 2 SächsBauO beschrieben. Danach ist ein Gebäude eine unmittelbar mit dem Erdboden verbundene, selbständig benutzbare, überdeckte und aus Bauprodukten hergestellte Anlage, die von Menschen betreten werden kann und geeignet ist, dem Schutz von Menschen, Tieren und Sachen zu dienen.[34] Grundsätzlich bildet jedes Gebäude in seiner Gesamtheit ein eigenes Wirtschaftsgut. Sogenannte **unselbständige Gebäudeteile** sind gemeinsam mit dem Gebäude zu erfassen, wenn ein Nutzungs- oder Funktionszusammenhang besteht. Dieser liegt insbesondere dann vor, wenn das Grundgebäude durch den unselbständigen Gebäudeteil in besonderem Maße ge-

---

[34] Vgl. auch Abschnitt 42 Abs. 5 EStR 1996.

kennzeichnet wird.[35] Zu den unselbständigen Gebäudeteilen rechnen daher sämtliche **wesentliche Bestandteile** i.S.d. § 94 Abs. 2 BGB, also alles was „zu seiner Herstellung eingefügt wurde". Darunter versteht man Sachen, die zwischen Teile eines Gebäudes gebracht und durch Einpassen an eine dafür bestimmte Stelle mit den sie umschließenden Stücken vereinigt und damit ihrer Zweckbestimmung zugeführt wurden.[36] Zu den wesentlichen Bestandteilen gehören neben Türen, Treppen, Fenstern, Fahrstühle, Heizungsanlagen und dergleichen auch eingebaute Möbel.

c) Grundstücksteile

Im Gegensatz zu den beweglichen Sachen des Anlagevermögens sind gemischt genutzte Grundstücke und Gebäude in mehrere selbständige Gebäudeteile und damit in verschiedene Wirtschaftsgüter aufzuteilen. **Selbständig sind Gebäudeteile**, wenn sie nicht in einem einheitlichen Nutzungs- und Funktionszusammenhang stehen.[37] Dies ist zum einen bei **Betriebsvorrichtungen** (dazu unten lit. d) und bei **Scheinbestandteilen** (§ 95 Abs. 2 BGB) der Fall. Zum anderen erfolgt eine Aufteilung, wenn ein Gebäude **unterschiedlichen Zwecken**, z.B. einerseits zu Wohnzwecken und andererseits zu eigenbetrieblichen (hoheitlichen/ gemeinnützigen) Zwecken dient.[38] Ein Gebäude kann daher in einen Betriebs-, einen Verwaltungs- und einen Personalteil gegliedert sein.

Voraussetzung für eine Aufteilung in einzelne Gebäudeteile ist aber die Möglichkeit einer **klaren und eindeutigen Abgrenzung**. Einschränkend gilt, dass die einzelnen Bauwerksteile dabei im Hinblick auf die Grundfunktion des Gebäudes **keine untergeordnete Rolle** spielen dürfen. Selbständige Gebäudeteile sind in den Anlagenachweisen jeweils getrennt zu erfassen.

d) Betriebsvorrichtungen

Betriebsvorrichtungen sind selbständige Wirtschaftsgüter, die nicht der Nutzung des Grundstücks dienen, sondern die in einem unmittelbaren funktionalen Zusammenhang zu der jeweiligen kostenrechnenden Einrichtung stehen. Sie gehören auch dann zu den beweglichen Wirtschafts-

---

[35] Vgl. Erlaß des BMF vom 26.07.1974, BStBl. I, Seite 498.
[36] BFH, Urteil vom 24.5.1963, BStBl. 1963 III, S. 376.
[37] BFH, Beschluß vom 26.11.1973, BStBl. 1974 II, S. 132.
[38] Vgl. Abschnitt 13b Abs. 2 EStR m.w.N.

gütern, wenn sie wesentlicher Bestandteil eines Grundstückes sind (vgl. Abschn. 42 Abs. 3 S. 2 EStR). Hierzu gehören vor allem:
- Abladevorrichtungen
- Autoaufzüge in Parkhäusern
- Bäder in Badeanstalten
- Bedienungsvorrichtungen
- Förderbänder
- Hofbefestigungen, die speziell auf den Betrieb ausgerichtet sind
- Kühleinrichtungen
- Lastenaufzüge
- Schaukästen
- Schutz- und Sicherungsvorrichtungen
- Verkaufsautomaten.

Da Betriebsvorrichtungen i.d.R. aus mehreren Teilen bestehen, aber erst in ihrer Gesamtheit einen Nutzen für die kostenrechnende Einrichtung bieten, sind diese Einzelgegenstände zusammen als ein Anlagegut zu erfassen.[39] Bauwerke, die nicht die Merkmale eines Gebäudes aufweisen, sind ebenfalls Betriebsvorrichtungen (z.B. kleine Transformatorenhäuser).

e) Abnutzbare Außenanlagen

Die Außenanlagen einer kostenrechnenden Einrichtung sind grundsätzlich in einen **abnutzbaren** und einen **nicht abnutzbaren Teil** zu gliedern. Bei der Erfassung dieser Anlagegüter ist darauf zu achten, dass die abnutzbaren Außenanlagen getrennt von Grund und Boden aufgenommen werden. Abnutzbare Anlagen sind beispielsweise Straßen, Wege, Plätze, Stützmauern, Geländer, Beleuchtungsanlagen, Vorgärten, Grünanlagen oder Außenanlagen auf Friedhöfen.

Im Gegensatz dazu werden **nicht abnutzbare Außenanlagen** zusammen mit den Grundstücken einer kostenrechnenden Einrichtung erfaßt. Das können z.B. Nutzgärten sein.

f) Betriebs- und Geschäftsausstattung

---

[39] Beispielsweise Schienenstränge und Schwellen einer Gleisanlage.

Alle **beweglichen** Vermögensgegenstände werden unter der Position „andere Anlagen, Betriebs- und Geschäftsausstattung" erfaßt. Hierzu gehören beispielsweise Einrichtungsgegenstände, Fahrzeuge oder Werkzeuge.[40]

2.1.5 Zusammenfassung von selbständigen Vermögenswerten

Wie dargelegt, ist jeder Vermögensgegenstand i.d.R. einzeln zu erfassen. Zu einem Wirtschaftsgut dürfen nur Anlagegüter der **gleichen Art** zusammengefaßt werden, die im **gleichen Jahr** angeschafft wurden und mit dem **gleichen Abschreibungssatz** abgeschrieben werden (§ 38 Abs. 2 Satz 1 GemHVO).[41] Umgekehrt kann eine Zusammenfassung aber zwingend sein, wenn Vermögensgegenstände einem **gemeinsamen Zweck** dienen (z.B. die Laboreinrichtung eines Klärwerks).

Werden Wirtschaftsgüter, die diese Voraussetzungen **nicht** erfüllen, in Anlagenachweisen zusammengefaßt, können die Abschreibungsbeträge vor allem infolge der unterschiedlichen Nutzungsdauer kaum berechnet werden. Der erhoffte Vereinfachungseffekt tritt damit nicht ein, sondern verkehrt sich sogar ins Gegenteil. Auch eine notwendig werdende Ausbuchung von einzelnen Vermögensgegenständen aufgrund von Erneuerungsmaßnahmen ist nicht mehr möglich.

Um solchen Schwierigkeiten bei der Zusammenfassung von Vermögenswerten von vornherein wirksam zu begegnen, ist es ratsam, für jedes einzelne Wirtschaftsgut eine ausreichende **Informationssicherung** außerhalb des Anlagenachweises aufzubauen. Erst dann ist im Falle von Ersatzinvestitionen eine rechnerisch getrennte **Ausbuchung** und die Ermittlung von **Sonderabschreibungen** möglich (zu den Einzelheiten unten Tz 3.1.1, 3.1.2).

Die Informationssicherung sollte in der Weise betrieben werden, dass zu jedem Wirtschaftsgut Kopien der Rechnungsunterlagen bzw. die Zusammenstellung und ggf. Aufteilung der Anschaffungs- und Herstellungskosten samt Belegen ggf. mit Plänen oder Karten in gesonderten, nach der Ordnung des Anlagenachweises geführten Akten aufbewahrt werden. Ein

---

[40] Vgl. auch geringwertige Wirtschaftsgüter oben Tz. 1.1.4.1 lit. c.
[41] Siehe oben Tz. 1.2.1.1.

solches Vorgehen ist auch im Hinblick auf **abgabenrechtliche Streitigkeiten** dringend zu empfehlen, denn der Gemeinde obliegt die Beweislast über die Höhe der in den Entgelten enthaltenen kalkulatorischen Kosten. Den Anforderungen an die Beweislast kann die Gemeinde jedoch nur dann genügen, wenn ihr auch ein lückenloser Nachweis zwischen den historischen Investitionen und den angesetzten Abschreibungen und Zinsen gelingt.

Deshalb ist besonders darauf zu achten, dass die in die Anlagenachweise eingehenden Zahlen jederzeit bis zu den Rechnungsbelegen oder sonstigen Ursprungsunterlagen zurückverfolgt werden können und bei öffentlichen Einrichtungen mit Leitungsnetzen, Sonderbauten und dergleichen die Lage der Bauwerke anhand von Kartenmaterial vom Gericht mühelos nachvollzogen werden kann.

2.2 Besonderheiten bei der Erfassung von Kanaleinrichtungen der Abwasserbeseitigungsanlage

Das Kanalnetz einer Abwasserbeseitigungsanlage dient in seiner Gesamtheit einem einheitlichen Zweck. Auch wenn es fest mit Grund und Boden verbunden ist, wird es als Betriebsvorrichtung angesehen. Somit ist eine **gemeinsame** Erfassung der einzelnen Kanäle zulässig. Um aber zukünftige Zu- und Abgänge durch Erneuerungsmaßnahmen an einzelnen Kanalabschnitten buchmäßig nachvollziehen zu können, ist einer **getrennten** Erfassung der Baukosten von Kanälen nach Straßen und Straßenabschnitten nach einem speziellen Verzeichnis unbedingt der Vorzug zu geben. Diese Erfassung erfolgt in einem sogenannten **Kanalkataster,** das wie folgt ausgestaltet werden sollte:

Datum   Seite

Gemeinde

Gemeindegebiet

Erfassungsliste der Baukosten für: Mischwasserkanal

lfd. Nr.	Straße	Schacht bis Schacht	Länge	Querschnitt	Baujahr	Baustoff	AHK	Preis pro lfd. m
			m	cm			DM	DM

01	Amselweg	34.1 - 34.5	105,00	300	1948	S	2560	24,38
02	Drosselweg	21.1 - 21.3	75,00	250	1950	S	1747	23,29
03	Drosselweg	21.3 - 21.7	49,00	300	1950	S	1253	25,57
04	Eulenweg	12.1 - 12.4	115,00	400	1960	B	5208	45,29
05	Falkenweg	29.1 - 30.2	133,00	300	1970	B	8722	65,58
06	Falkenweg	30.1 - RÜ29	65,00	300	1970	B	4113	63,28
07	Falkenweg	30.2 - 30.1	144,00	250	1970	S	7258	50,40
08	Finkenweg	RÜ29 - Vorfl.	19,00	400	1970	B	1243	65,42
09	Meisenweg	35.9 - 36.2	195,00	600	1972	B	22457	115,16
10	Sperberweg	38.1 - 33.14	153,00	300	1972	B	13487	88,15

RÜ Regenüberlaufbecken
Vorfl. Vorfluter
B   Beton
S   Steinzeug

Des weiteren ist schon während der Bauphase darauf zu achten, dass alle konstruktions- und wertbeeinflussenden Merkmale und deren Änderungen in ein Verzeichnis übernommen werden, um die Voraussetzungen für eine möglichst genaue Bewertung der Anlagenteile zu schaffen. Eine Ermittlung dieser Faktoren gestaltet sich nach Abschluß der Bauarbeiten zumeist schwierig. Sind keine verwertbaren Unterlagen über das Kanalsystem vorhanden sind, besteht in aller Regel nur die Möglichkeit einer körperlichen Erfassung der Kanalteile.

Gleiches gilt für den baulichen Teil der Sonderbauwerke (z.B. Regenüberlaufbecken). Sie können aufgrund ihrer unterschiedlichen Bau- und Betriebsweise nicht zu einer Betriebsvorrichtung zusammengefaßt werden. Auch für sie sind Verzeichnisse anzulegen, aus denen die konstruktions- und wertbeeinflussenden Faktoren mit ihren Änderungen hervorgehen.

3. Teil: Die Bewertung der Sachanlagen

3.1 Die kalkulatorischen Abschreibungen

3.1.1 Zweck und Bedeutung der kalkulatorischen Abschreibungen, Nutzungsdauer eines Anlagegutes

Abschreibungen sind nach der betriebswirtschaftlichen Definition „die planmäßige Verteilung der Anschaffungs- oder Herstellungswerte von abnutzbaren Gütern des Anlagevermögens auf die voraussichtlichen Jahre der Nutzung." Sie gehören damit zu den „Anderskosten" d.h. zu den Kosten, bei denen der Aufwand auf eine andere Rechnungsperiode als der seiner Entstehung verteilt wird. Durch das Einstellen von Abschreibungen in die Gebührenkalkulation wird der **Wertverzehr** der Anlage durch Abnutzung **auf ihre Nutzungsdauer** verteilt. Das eingesetzte Kapital wird durch den Abschreibungsanteil in der Gebühr refinanziert und steht für die Kosten, die bei Ersatz der abgenutzten Einrichtung aufzuwenden sind, zur Verfügung. Damit diese Einnahmen dem Gemeindevermögen (wertmäßig) erhalten bleiben, sind sie bei der Ermittlung der Zuführung vom Verwaltungs- zum Vermögenshaushalt erhöhend zu berücksichtigen (vgl. § 22 Abs. 1 GemHVO).[42] Damit sollen Sprünge in der Gebührenhöhe verhindert und der Gebührenzahler entlastet werden.[43]

3.1.2 Abschreibungsdauer

Vor allem bei langlebigen Anlagegütern, wie z.B. dem Leitungsnetz für Wasserversorgung und dem Kanalnetz der Abwasserbeseitigung ist die exakte Nutzungsdauer in der Regel nicht bekannt und muß daher geschätzt werden. Wichtige Anhaltspunkte liefern insbesondere die durch das Bundesfinanzministerium veröffentlichten steuerlichen AfA - Tabellen sowie

---

[42] Becker/Fulte a.a.O. RN. 273.
[43] Vgl. Faiss u.a. RN 808.

die Tabellen der KGSt[44]. Allerdings ist die Nutzungsdauer in jedem Einzelfall gesondert zu prüfen und festzulegen. Dabei sind im besonderen Beanspruchungsdauer und -intensität, die Art der Bedienung und Pflege, der technische Fortschritt und andere individuelle Umstände zu berücksichtigen.[45]

Neben dem Wertverzehr können **Bedarfsverschiebungen, Rechtsablauf** (z.B. bei Nutzungsrechten) oder möglicherweise **Gesetzesänderungen** weitere Bemessungsfaktoren für die Abschreibung sein. Sollte die **wirtschaftliche Verwendungsfähigkeit** des Anlagegutes in der öffentlichen Einrichtung geringer als die Dauer der **technischen Nutzungsmöglichkeit** ausfallen, so ist das betroffene Anlagegut in dem kürzeren Zeitraum abzuschreiben.

3.1.3 Anpassung der Abschreibungssätze

Nachdem die anfangs zugrunde gelegte Nutzungsdauer nur auf einer Schätzung beruht und die später tatsächlich eintretende Wertminderung oftmals davon abweicht, kann es notwendig werden, dass die Abschreibung eines Anlagegutes während dessen Verwendung den neuen Verhältnissen angepaßt werden muß. In diesem Fall muß der Abschreibungszeitraum für das betroffene Anlagegut neu bestimmt werden. Ausgenommen hiervon sind Anlagegüter, deren veränderte Nutzungsdauer zu einem außerordentlichen Aufwand führen[46] oder wenn die effektive Nutzungsdauer nur geringfügig von der geschätzten abweicht.

Muß die Abschreibung der tatsächlichen Nutzungsdauer angepaßt werden, ist der **jährliche Abschreibungssatz neu festzulegen**. Diese Anpassung kann grundsätzlich nach zwei verschiedenen Methoden erfolgen.[47]

a) Der Wert des Anlagegutes, der bisher noch nicht abgeschrieben wurde, wird gleichmäßig auf die tatsächliche Restnutzungsdauer verteilt.

---

[44] Vgl. Abschreibungstabelle zu KGSt- Bericht 1/1999 abgedruckt in Anhang 4.
[45] Individuelle Umstände könnten die Intensität des Straßenverkehrs oder besonders aggressive Abwässer sein.
[46] Ein außerordentlicher Aufwand liegt dann vor, wenn die Restnutzungsdauer z.B. durch Zerstörung des Anlagegutes auf null reduziert wird. Bei einer Fehleinschätzung der Nutzungsdauer wird lediglich der Abschreibungszeitraum neu festgelegt.
[47] Hier wird von der linearen Abschreibungsmethode ausgegangen, da diese in den Kommunen der Regelfall ist.

b) Der Abschreibungssatz, der sich bei Zugrundelegen der tatsächlichen Nutzungsdauer bereits am Anfang ergeben hätte, wird auf den ursprünglichen Wert des Wirtschaftsgutes angewandt.

In abgabenrechtlicher Hinsicht ist bei der Methodenwahl zwischen einer Verlängerung und einer Verkürzung der Abschreibungsdauer zu unterscheiden, denn wie die nachfolgenden Beispiele zeigen, führt jede Methode zu einer unterschiedlichen Gebührenbelastung.

Beispiel für die Verlängerung der Nutzungsdauer nach sechs Jahren auf vierzehn Jahre

Ausgangsdaten
Anschaffungskosten   500.000,00 DM
Nutzungsdauer   10 Jahre

Abschreibungs-methode linear Nutzungsdauer Jahre	Berechnungsmethode A			Berechnungsmethode B		
	jährliche Abschreibung Satz	jährliche Abschreibung Betrag	Gesamtabschreibung	jährliche Abschreibung Satz	jährliche Abschreibung Betrag	Gesamtabschreibung
1	10 %	50.000,00 DM	50.000,00 DM	10 %	50.000,00 DM	50.000,00 DM
2		50.000,00 DM	100.000,00 DM		50.000,00 DM	100.000,00 DM
3		50.000,00 DM	150.000,00 DM		50.000,00 DM	150.000,00 DM
4		50.000,00 DM	200.000,00 DM		50.000,00 DM	200.000,00 DM
5		50.000,00 DM	250.000,00 DM		50.000,00 DM	250.000,00 DM
6		50.000,00 DM	300.000,00 DM		50.000,00 DM	300.000,00 DM
7	5 %	25.000,00 DM	325.000,00 DM	7,14 %	35.714,29 DM	335.714,29 DM
8		25.000,00 DM	350.000,00 DM		35.714,29 DM	371.428,57 DM
9		25.000,00 DM	375.000,00 DM		35.714,29 DM	407.142,86 DM
10		25.000,00 DM	400.000,00 DM		35.714,29 DM	442.857,14 DM
11		25.000,00 DM	425.000,00 DM		35.714,29 DM	478.571,43 DM
12		25.000,00 DM	450.000,00 DM		21.714,29 DM	500.000,00 DM
13		25.000,00 DM	475.000,00 DM		0,00 DM	500.000,00 DM
14		25.000,00 DM	500.000,00 DM		0,00 DM	500.000,00 DM

Bemerkung:
In Berechnungsmethode A wird bei einer Verlängerung der Nutzungsdauer auf 14 Jahre ersichtlich, dass bei der Anpassung der Abschreibungssätze an die neue Nutzungsdauer die Summe der Abschreibungsbeträge wieder den Anschaffungswert des Wirtschaftsgutes ergibt.
Bei Berechnungsmethode B würde die Abschreibung im 12. Jahr die Anschaffungskosten übersteigen. Es darf daher nur noch der Differenzbetrag abgeschrieben werden.

Unter betriebswirtschaftlichen wie auch nach abgabenrechtlichen Gesichtspunkten ist der Variante B der Vorzug zu geben, da sie die Berechnung der Abschreibungsbeträge nach Anpassung der Nutzungsdauer entsprechend dem abgegebenen Leistungspotential zuläßt und die Gebührenschuldner nicht länger mit Abschreibungsbeträgen belastet werden, die nicht dem tatsächlichen Wertverzehr des Anlagegutes entsprechen.

Im Zusammenhang damit ist jedoch darauf hinzuweisen, dass bei der Entgeltkalkulation maximal 100 % des Ausgangswertes (Anschaffungs- oder Herstellungskosten bzw. Wiederbeschaffungszeitwert) abgeschrieben werden dürfen.[48] Diese Auffassung ist zwar nicht unumstritten. So hat beispielsweise das OVG Lüneburg[49] entschieden, dass eine Abschreibung über 100 % hinaus zulässig ist, soweit die Summe der Abschreibungen den Wiederbeschaffungszeitwert noch nicht erreicht habe. Diese Entscheidung, der das niedersächsische KAG zugrunde gelegen hat, läßt sich jedoch wohl wegen des Normtextes in § 13 Abs. 1 S. 1 SächsKAG, der strikt nach Wiederbeschaffungszeitwerten und Anschaffungs- und Herstellungskosten trennt, nicht übertragen.

Verkürzt sich die Abschreibungsdauer, werden bei der Verwendung der Methode B i.d.R. immer Sonderabschreibungen notwendig werden, da ansonsten bei einer Abschreibung von 100 % die Gesamtsumme der Abschreibungsbeträge hinter dem Ausgangswert zurückbleiben würde.

---

[48] Die Summe der aufgelaufenen Abschreibungen und der Anschaffungswert des Anlagegutes müssen identisch sein. Vgl. Kommunale Gemeinschaftsstelle für Verwaltungsvereinfachung (KGSt), Kostenrechnung in der Kommunalverwaltung, Bericht Nr. 9, Anlagerechnung, Köln 1980, Seite 66; OVG NW, NWVBl. 1994, 428; Becker/Fulte a.a.O. RN 284.

[49] OVG Lüneburg, KStZ. 1985, 195 f.

Beispiel

Ausgangsdaten
wie oben

Nutzungsdauer Jahre	Berechnungsmethode A			Berechnungsmethode B		
	jährliche Abschreibung		Gesamtabschreibung	jährliche Abschreibung		Gesamtabschreibung
	Satz	Betrag		Satz	Betrag	
1	10 %	50.000,00 DM	50.000,00 DM	10 %	50.000,00 DM	50.000,00 DM
2		50.000,00 DM	100.000,00 DM		50.000,00 DM	100.000,00 DM
3		50.000,00 DM	150.000,00 DM		50.000,00 DM	150.000,00 DM
4		50.000,00 DM	200.000,00 DM		50.000,00 DM	200.000,00 DM
5	30 %	150.000,00 DM	350.000,00 DM	16,66 %	83.333,33 DM	283.333,33 DM
6		150.000,00 DM	500.000,00 DM		83.333,33 DM	366.666,67 DM
7		0,00 DM	0,00 DM		0,00 DM	0,00 DM
8		0,00 DM	0,00 DM		0,00 DM	0,00 DM
9		0,00 DM	0,00 DM		0,00 DM	0,00 DM
10		0,00 DM	0,00 DM		0,00 DM	0,00 DM
insgesamt	100 %			73,32 %		

Bemerkung:
Bei Berechnungsmethode A wird wiederum der Anschaffungswert des Anlagegutes durch die Summe der Abschreibungsbeträge erreicht
Bei Berechnungsmethode B hingegen ergibt sich ein Betrag von 133.333,33 DM, der nicht abgeschrieben wurde.

Damit stellt sich aber die Frage, ob und wie bei Methode B die sich gegenüber dem Ausgangswert ergebende Differenz (im Beispielsfall also DM 133.333) kostenmäßig zu erfassen ist. Teilweise wird vorgeschlagen, diese Differenz als **kalkulatorische Wagnisse** zu buchen.[50] Kalkulatorische Wagnisse dienen jedoch ausschließlich dem Ausgleich eines außerordentlichen Aufwands und nicht von Mehr- oder Minderbeträgen bei der Abschreibung von Anlagegütern. Vorliegend sind die Mindereinnahmen jedoch durch einen in der Vergangenheit liegenden Prognosefehler und einer damit verbundenen Anpassung der Nutzungsdauer entstanden. Sie stellen demnach einen periodenfremden Aufwand dar, der den jetzigen Gebührenpflichtigen aus Gründen des Äquivalenzprinzips nicht angelastet werden kann.

Insgesamt bleibt daher festzuhalten, dass veränderte Abschreibungsbeträge aufgrund von Fehleinschätzungen der Nutzungsdauer zwar gesondert erfaßt werden müssen, die daraus resultierenden Sonderabschreibungen aber nicht zu einer höheren Gebührenbelastung führen dürfen. Bei einer Fehleinschätzung der Nutzungsdauer in Fällen der Abschreibung aus Wiederbeschaffungszeitwerten gilt entsprechendes, mit der Besonderheit, dass sich die jährlichen Abschreibungsbeträge nach Maßgabe der Preissteigerungsrate verändern.

Abschließend sei darauf hingewiesen, dass die Nutzungsdauer eines Anlagegegenstandes in regelmäßigen und kurz gewählten Zeitabständen zu überprüfen ist. Damit ist gewährleistet, dass notwendige Korrekturen bei der angenommenen Nutzungsdauer alsbald erkannt werden und die Anzahl der Perioden mit fehlerhaften Abschreibungsbeträgen auf ein Minimum reduziert wird.

3.1.4 Ausbuchung von Ersatzbeschaffungen

Wenn **noch nicht abgeschriebene** Anlagegüter neu beschafft oder ersetzt werden, so müssen die alten Wirtschaftsgüter ausgebucht werden. Dies hat **Sonderabschreibungen** zur Folge, die bei der Gebührenkalkulation zu berücksichtigen sind. In der Praxis ist häufig zu beobachten, dass aus Gründen einer gleichmäßigen Gebührenbelastung Sonderabschreibungen vermieden werden und statt dessen (unzulässigerweise) die Anlagenach-

---

[50] Vgl. Kommunale Gemeinschaftsstelle für Verwaltungsvereinfachung (KGSt), Kostenrechnung in der Kommunalverwaltung, Bericht Nr. 9, Anlagerechnung, Köln 1980, Seite 65.

weise dieser noch nicht abgeschriebenen Vermögensgegenstände weitergeführt werden. Damit wird ein unzulässiger Doppelnachweis bewußt in Kauf genommen wird. Nachdem § 10 Abs. 2 SächsKAG die Möglichkeit einräumt, Kostenüber- und -unterdeckungen in einzelnen Jahren durch einen mehrjährigen Kalkulationszeitraum auszugleichen, besteht an sich keine Notwendigkeit für ein solches Verfahren.

3.1.5 Abschreibungsmethoden[51]

Zur Verteilung des Anschaffungs- bzw. Herstellungsaufwandes hat die Betriebswirtschaftslehre im wesentlichen drei Abschreibungsmethoden entwickelt: die **lineare**, die **degressive** sowie die **progressive** Abschreibungsmethode.

Die Wahl der Abschreibungsmethode richtet sich nach dem spezifischen Verlauf der Wertminderung jedes Wirtschaftsgutes. Diese wiederum hängt insbesondere von seiner Beschaffenheit sowie Art und Dauer seiner Inanspruchnahme ab. Die Abschreibungsmethode soll der Entwertung der Anlage entsprechen und damit einer möglichst periodengerechten Aufwandserfassung Rechnung tragen.

a) Lineare Abschreibungsmethode
Bei der linearen Abschreibung wird über die gesamte Nutzungsdauer des Anlagegutes ein **gleichbleibender Abschreibungssatz** verwendet; d.h., die Bemessungsgrundlage (Abschreibungssumme) für die kalkulatorische Abschreibung wird gleichmäßig über die Jahre der Nutzung verteilt (zeitbezogene Abschreibung). Der Abschreibungssatz berechnet sich daher nach folgender Formel:

$$\frac{100\ \%}{\text{Nutzungsdauer / Jahr}} = \text{Abschreibungssatz / Jahr (in \%)}$$

Die lineare Abschreibungsmethode ist rechnerisch leicht zu handhaben und wird deshalb auch in Tz 13.1.4 der AnwHiSächsKAG empfohlen. Das Gesetz läßt neben dieser **zeitbezogenen** auch eine **leistungsbezogene Abschreibung** zu. Bei leistungsbezogenen Objekten kann der Abschreibungs-

---

[51] Umfassende Darstellung auch bei Becker/Fulte, RN 288 -297.

satz der linearen Abschreibung auch nach deren jeweiliger Beanspruchung ermittelt werden. Er wird durch das Verhältnis der Leistungseinheit je Abschreibungsperiode mit den voraussichtlich erzielbaren Leistungseinheiten gebildet.[52]

b) Degressive Abschreibungsmethode

„Die degressive Abschreibungsmethode ist ein Verfahren, das die Anschaffungs- oder Herstellungskosten eines Anlagegutes mittels **sinkender jährlicher Abschreibungsquoten** auf die wirtschaftliche Nutzungsdauer verteilt, d.h. die Abschreibungsquote ist im ersten Jahr der Nutzung am höchsten, im letzten Jahr am geringsten."[53] Eine solche Abschreibungsmethode ist in den Fällen denkbar, in welchen mit einem frühzeitigen Verschleiß des Anlagegutes zu rechnen ist.[54]

c) Progressive Abschreibungsmethode

Bei der progressiven Abschreibung **steigen** im Gegensatz zur degressiven Abschreibung **die jährlichen Abschreibungssätze stetig an**. Grund dafür, dass der Wertverzehr tatsächlich diesen Verlauf nimmt, können z.B. steigende Unterhaltungskosten (z.B. bei Weinbergen) oder der technische Fortschritt (z. B. bei Computern) sein.

In der kommunalen Praxis wird bei kostenrechnenden Einrichtungen weitgehend auf die degressive bzw. progressive Abschreibungsmethode verzichtet, weil sie den Gesamtaufwand der jeweiligen Einrichtung in zeitlicher Hinsicht ungleichmäßig auf die Gebührenschuldner verteilen. Dies hat zur Folge, dass diejenigen, die die Einrichtung zu Beginn oder am Ende der Nutzungsdauer nutzen, stärker belastet werden, als die Benutzer des übrigen Zeitraums. Zwar kann, wie sich aus § 14 Abs. 1 SächsKAG schließen läßt, der gebührenfähige Aufwand auch kostenbezogen (d.h. entsprechend der tatsächlichen Wertminderung und damit ggf. ungleichmäßig) ermittelt werden. Nachdem der Nutzen, den die Anlage während der Abschreibungsdauer für den Gebührenzahler erbringt, nicht vom unterschiedlichen Verlauf der Wertminderung abhängt, wird das Ergebnis von degressiven oder progressiven Abschreibungen zumeist als ungerecht empfunden.

---

[52] Der Abschreibungssatz für Maschinen, Kraftfahrzeuge oder Steinbrüche kann auf diese Art und Weise errechnet werden (z.B. anhand der gefahrenen Kilometer).
[53] Wöhe, Seite 1064 Nr. (3) (a).
[54] Beispielsweise könnten Kraftfahrzeuge degressiv abgeschrieben werden.

Kann also der tatsächliche Wertverzehr im Sinne der degressiven oder progressiven Abschreibung nicht genau nachgewiesen und gegenüber den Abgabenpflichtigen plastisch dargestellt werden, sollte auf diese Abschreibungsmethoden eher verzichtet werden.

3.1.6 Bemessungsgrundlage für die kalkulatorische Abschreibung

3.1.6.1 Überblick

Das Anlagevermögen der Gemeinde umfaßt all die Teile des Vermögens, die dauernd der Aufgabenerfüllung dienen.[55] Wie sich aber aus dem Wesen der Abschreibung ergibt (vgl. oben Tz 3.1.1), kann nur von solchen Anlagegütern abgeschrieben werden, die einem stetigen Wertverzehr unterliegen. Der Grund und Boden (Grundstücke im bilanzrechtlichen Sinne) gewinnen i.d.R. eher an Wert. Eine Abschreibung ist daher grundsätzlich nicht zulässig. Lediglich die Grundstücke, die tatsächlich durch Ausbeutung ihrer Substanz an Wert verlieren, unterliegen der Abschreibung.[56]

Damit ist aber die Frage noch nicht beantwortet, **von welchem Wert** abgeschrieben werden kann, d.h. auf welcher Bemessungsgrundlage der Abschreibungssatz angewandt werden soll. Für das Abgabenrecht hat das SächsKAG hierzu im Gegensatz zu den Kommunalabgabengesetzen vieler anderer Bundesländer detaillierte Bestimmungen getroffen. Nachdem diese Regeln jedoch nur im Verhältnis zum Abgabenpflichtigen gelten, könnte für den Bereich des Gemeindewirtschaftsrechts hiervon zwar abgewichen werden. Da Anlagenachweise aber auch gerade im Hinblick auf die Ermittlung der Benutzungsentgelte geführt werden, empfiehlt es sich dringend, die Anlagebuchhaltung an den Bestimmungen des SächsKAG auszurichten.

Nach § 13 Abs. 1 Satz 1 i.V.m. § 11 Abs. 2 Nr. 1 SächsKAG können den Abschreibungen entweder die **Wiederbeschaffungszeitwerte** (vgl. unten

---

[55] In der Nr. 2 der Anlage zur GemHVO sind die Teile des Anlagevermögens der Gemeinde abschließend aufgeführt.
[56] Beispielsweise Grundstücke mit Bodenschätzen (Steinbrüche, Sand- und Kiesgruben), vgl. § 7 Abs. 6 EStG.

Tz 3.1.5) oder die **historischen Anschaffungs- oder Herstellungskosten** (vgl. unten Tz 3.1.4) des Anlagevermögens zugrunde gelegt werden. Der Abschreibung aus Wiederbeschaffungszeitwerten liegt die Vorstellung des in der Betriebswirtschaft wohl vorherrschenden „wertmäßigen" Kostenbegriffes[57] zugrunde, während die Abschreibung aus den historischen Anschaffungs- oder Herstellungskosten vom sogenannten „pagatorischen" (pagare = zahlen) Kostenbegriff ausgeht[58] (zu den Einzelheiten sogleich). Für welche Alternative sich die Gemeinde entscheidet, steht in ihrem Ermessen.[59]

Des weiteren schreibt § 13 Abs. 1 Satz 2 SächsKAG zwingend vor, dass die Anlagewerte (Wiederbeschaffungszeitwerte oder Anschaffungs- oder Herstellungskosten) um die Zuweisungen und Zuschüsse Dritter (Zuwendungen) zu kürzen sind, soweit sie nicht als Kapitalzuschüsse gewährt wurden (Nettomethode, siehe unten Tz 3.1.10).[60] Nach § 13 Abs. 3 SächsKAG können diese als Ertragszuschüsse bezeichneten Zuwendungen jedoch auch passiviert und jährlich mit einem durchschnittlichen Abschreibungssatz ertragswirksam aufgelöst werden (Bruttomethode).[61] In Sachsen gilt dabei die Besonderheit, dass Beiträge i.S.d. §§ 17 bis 25 SächsKAG nach der ausdrücklichen Anordnung in § 13 Abs. 2 SächsKAG als Kapitalzuschüsse zu behandeln sind.

3.1.6.2 Anschaffungs- und Herstellungskosten
3.1.6.2.1 Begriff und Umfang

Anschaffungskosten eines Wirtschaftsguts sind nach Abschn. 32 a EStR alle Aufwendungen, die geleistet werden, um das Wirtschaftsgut zu erwerben und in einen dem angestrebten Zweck entsprechenden (betriebsbereiten) Zustand zu versetzen. Dazu gehören also auch die Anschaffungsnebenkosten, wie z.B. Ausgaben für Voruntersuchungen, Ingenieurleistungen, Vermessungsgebühren, Versicherungen, Grunderwerbssteuer oder

---

[57] Zu den Einzelheiten vgl. unten Tz 3.1.6.3.1.
[58] Umfassende Darstellung bei Heßhaus, S. 63 ff.
[59] Vgl. § 1 SächsVwVfG i.V.m. § 40 VwVfG.
[60] Kapitalzuschüsse sind Zuweisungen und Zuschüsse Dritter, die der Einrichtung zur Bildung von Eigenkapital gewährt wurden. (Vgl. § 13 Abs. 1 Satz 2 SächsKAG). Ertragszuschüsse hingegen dienen lediglich der Entlastung der Gebührenschuldner und müssen somit gleichmäßig auf die Jahre der Nutzung des Anlagegutes verteilt werden.
[61] Der Auflösungssatz für den Ertragszuschuß entspricht i.d.R. dem Abschreibungssatz des Anlagegutes, für das der Zuschuß gewährt wurde. War der Zuschuß für mehrere Anlagegüter bestimmt, so ist ein durchschnittlicher Auflösungssatz zu bilden.

Notargebühren. Dabei ist jedoch zu beachten, dass die Anschaffungsnebenkosten des Grund und Bodens diesem zuzurechnen sind und damit nicht der Abschreibung unterliegen. Erwirbt die Gemeinde also ein bebautes Grundstück, so sind die Anschaffungsnebenkosten in einen auf den Grund und Boden entfallenden Anteil und den Gebäudeanteil aufzuteilen. Dies geschieht im allgemeinen nach dem Wertverhältnis von Gebäude, Grund und Boden.

Beispiel:

Gesamtkaufpreis:	DM 400.000	(100 %)
Grund und Boden 1000 m² * DM 100	DM 100.000	(25 %)
verbleibender Gebäudeanteil	DM 300.000	(75 %)
Anschaffungsnebenkosten		
Beurkundung	DM 3.000	
Auflassung	DM 1.000	
Grundsteuer	DM 8.000	
Zusammen	DM 12.000	(100 %)

1. nicht abschreibbare Anschaffungskosten Grund und Boden
   DM 100.000 + 25 % aus DM 12.000 = DM 103.000

2. abschreibbare Anschaffungskosten des Gebäudes
   DM 300.000 + 75 % aus DM 12.000 = DM 309.000

Abgabenrechtliche Beiträge (Erschließungsbeiträge nach dem BauGB bzw. Beiträge nach dem SächsKAG) gehören ebenfalls zu den Anschaffungsnebenkosten. Da sie der Erschließung des Grundstücks als Voraussetzung für seine Bebaubarkeit dienen, sind sie jedoch ausschließlich dem Grund und Boden zuzurechnen und können daher nicht abgeschrieben werden.

Zu den Anschaffungskosten gehören weiterhin die Eigenleistungen der Gemeinde, z.B. des Bauhofs, des gemeindeeigenen Fuhrparks oder Ingenieurleistungen der technischen Abteilung des Bauamtes bzw. -dezernates der Gemeinde.

Von den Anschaffungskosten sind gewährte Rabatte oder Skonti abzuziehen.

Bauzeitzinsen sind den Anschaffungskosten hinzuzurechnen.[62] Bauzeitzinsen sind Zinsaufwendungen, die bei der Gemeinde infolge des Baues öffentlicher Einrichtungen über mehrere Jahre hinweg anfallen. Das Problem der Refinanzierung dieser Kosten liegt darin, dass kalkulatorische Zinsen erst dann in die Gebührenkalkulation eingestellt werden dürfen, wenn die Anlage oder wenigstens Teile dieser in Betrieb genommen worden sind und den Gebührenschuldnern tatsächlich zur Verfügung stehen. Die Bauzinsen fallen jedoch gerade vor Inbetriebnahme der Anlage an.

Nach § 11 Abs. 1 Nr. 1 SächsKAG gehören zu den gebührenfähigen Kosten aber auch die Vorfinanzierungskosten bis zur Inbetriebnahme der Einrichtung. Sie müssen deshalb als Anschaffungsnebenkosten aktiviert werden. Die Ermittlung dieser Kosten nach betriebswirtschaftlichen Grundsätzen fordert an sich eine Berechnung der Bauzeitzinsen nach den tatsächlichen Kredit- bzw. Eigenkapitalzinsen. Diese Berechnungsmethode ist jedoch mit einen erheblichen Aufwand verbunden. Nachdem der Gesetzgeber keine verbindliche Methode zur Berechnung der Bauzeitzinsen vorgegeben hat, wird in der Praxis eine vereinfachte Berechnung als zulässig erachtet.

Hierbei wird der Bauzins pro Jahr durch die Anwendung des kalkulatorischen Zinssatzes auf die Investitionskosten pro Jahr abzüglich der im jeweiligen Jahr vereinnahmten Zuweisungen und Zuschüsse errechnet. Dem Umstand, dass die Zahlungen i.d.R. über das Jahr verteilt getätigt worden sind, wird durch Verwendung des halben kalkulatorischen Zinssatzes Rechnung getragen.

---

[62] Wegen der Einzelheiten vgl. Becker/Fulte, Die Entlastung des Verwaltungshaushalts durch Aktivierung von Bauzeitzinsen, SächsVBl. 1997 S. 96 f.

Beispiel für die Berechnung von Bauzeitzinsen

Ausgangsdaten

Jahr	Investitionskosten	Zuweisungen
1993	120.000,00 DM	
1994	50.000,00 DM	20.000,00 DM
1995	30.000,00 DM	
1996	80.000,00 DM	
1997	70.000,00 DM	50.000,00 DM
Summe	350.000,00 DM	70.000,00 DM

Zinssatz	6 %
Inbetriebnahme	Januar 1998

Berechnung

Jahr	Investitionen Abzüglich Zuweisungen DM	halber Zinssatz DM	voller Zinssatz DM	Zinssatz %	aufgelaufene Bauzeitzinsen DM
1993	120.000,00		120.000,00	3	3.600,00
1994	120.000,00	120.000,00		6	7.200,00
	+ 50.000,00				
	- 20.000,00		30.000,00	3	900,00
1995	170.000,00	170.000,00		6	10.200,00
	+ 30.000,00				
	- 20.000,00		10.000,00	3	300,00
1996	200.000,00	200.000,00		6	12.000,00
	+ 80.000,00				
	- 20.000,00		60.000,00	3	1.800,00
1997	280.000,00			6	16.800,00
	+ 70.000,00				
	- 70.000,00				
Summe	350.000,00				52.800,00

Die Gesamtsumme der Bauzeitzinsen in Höhe von 52.800,00 DM wird zusätzlich zu den Investitionskosten in Höhe von 350.000,00 DM in den Anlagenachweis übernommen.

Ab dem Jahr 1998 wird die Gesamtsumme von 402.800,00 DM abgeschrieben.

Es empfiehlt sich, die errechneten Bauzeitzinsen den einzelnen Anlagegütern direkt zuzuordnen und nicht als eigenes Wirtschaftsgut zu aktivieren und daraus abzuschreiben. Letztere Vorgehensweise ist zwar zulässig, sie führt jedoch zu Schwierigkeiten, da bei der Ausbuchung von Anlageteilen auch die auf diese Vermögensgegenstände entfallenden Bauzeitzinsen ermittelt werden müssen.

Herstellungskosten sind nach Abschn. 33 Abs. 1 EStR, die auf § 255 Abs. 2 HGB Bezug nehmen, alle Aufwendungen, die durch den Verbrauch von Gütern und die Inanspruchnahme von Diensten für die Herstellung des Wirtschaftsgutes, seine Erweiterung oder für eine über den ursprünglichen Zustand hinausgehende wesentliche Verbesserung entstehen. Sie werden in folgende Kostengruppen eingeteilt:

a) Materialkosten

Darunter wird der primäre Herstellungsaufwand zusammengefaßt, also die Ausgaben für Bauunternehmen, Baumaterial und dergleichen, die dem Bauwerk direkt zugeordnet werden können.

b) Materialgemeinkosten

Unter Materialgemeinkosten versteht man die Kosten, die nicht der Herstellung eines einzelnen Bauwerks zugeordnet werden können (z.B. anteilige Werkzeugkosten oder Kosten aufgrund von Materialverlusten). Die Zurechnung kann nur überschlägig und damit im Wege einer prozentualen Aufteilung erfolgen.

c) Fertigungskosten

Diese Kostengruppe ist den Herstellungskosten wiederum unmittelbar zuzurechnen. Hierzu gehören z.B. Bruttolöhne und -gehälter zuzüglich Arbeitgeberanteile der betroffenen Bediensteten, Vermögensbildung oder Kosten der Inanspruchnahme von Fremdleistungen.

d) Fertigungsgemeinkosten

Dabei handelt es sich wiederum um der Herstellung nicht unmittelbar zurechenbare Kosten, wie beispielsweise pauschale Zuschläge der anteiligen Kosten der Leitung des mit der Ausführung der Herstellung des Anlagegutes beauftragten Unternehmens. Sie sind wie die Materialgemeinkosten im Wege der Schätzung aufzuteilen und den jeweiligen Vermögensgegenständen zuzurechnen.

Schwierigkeiten bereitet in der Praxis oftmals die Unterscheidung zwischen Herstellungskosten und den Kosten der Instandhaltung und Instandsetzung, die auch als Erhaltungsaufwand bezeichnet werden. Die Abgrenzung ist oft problematisch, wenn an bestehenden Anlagen größere Baumaßnahmen ausgeführt werden, die mit einer Erweiterung oder Verbesserung der Anlage verbunden sind. Während Herstellungskosten in den Anlagenachweisen zu aktivieren sind und - wie dargelegt - jährlich nur mit der Abschreibungsrate in die Kosten eingehen (sogenannte „Anderskosten", weil Ausgabe und Kosten zeitlich auseinanderfallen), sind Erhaltungsaufwendungen in vollem Umfang im Jahr der Verausgabung in die Gebührenkalkulation einzustellen. Insbesondere bei größeren Erhaltungsaufwendungen kann die unterschiedliche Behandlung zu beachtlichen Differenzen bei der Gebührenermittlung führen.

Die Abgrenzungsfrage stellt sich bereits bei der Aufstellung des Haushaltsplans, denn von ihrer Beantwortung hängt es ab, ob die Ausgaben im Verwaltungs- oder Vermögenshaushalt zu veranschlagen sind (vgl. § 1 Abs. 1 Nr. 7 GemHVO). § 6 Abs. 2 und § 7 der VwV Gliederung und Gruppierung, die sich mit der Abgrenzung befassen, stellen dabei auf die von der Rechtsprechung des BFH entwickelten Kriterien ab.

Werden an bestehenden Anlagen Baumaßnahmen getätigt, liegt danach Herstellungsaufwand nur dann vor, wenn die Anlage durch die Baumaßnahme
- wesentlich in ihrer Substanz vermehrt,
- in ihrem Wesen erheblich verändert oder
- über ihren bisherigen Zustand hinaus deutlich verbessert wird.

Eine deutliche Verbesserung ist dabei nicht schon deswegen anzunehmen, weil mit notwendigen Erhaltungsmaßnahmen eine dem technischen Fortschritt entsprechende übliche Modernisierung verbunden ist. So wurde beispielsweise der Einbau einer Zentralheizung anstelle von Einzelöfen als Erhaltungsaufwand angesehen. Insbesondere im Bereich der Abwasserbeseitigungsanlagen, die infolge der wasserrechtlichen Vorschriften[63] dem jeweiligen Stand der Technik zu entsprechen haben, werden Erneuerungsmaßnahmen oftmals als Erhaltungsaufwand zu qualifizieren sein.

Umgekehrt sind nach der Rechtsprechung des BFH[64] Erhaltungsaufwendungen, die im Zusammenhang mit der Anschaffung von Anlagen gemacht werden, als Herstellungskosten zu behandeln, wenn sie im Verhältnis zum Kaufpreis hoch und durch die Aufwendungen im Vergleich zu dem Zustand der Anlage im Anschaffungszeitpunkt ihr Wesen verändert, der Nutzungswert erheblich erhöht oder die Nutzungsdauer erheblich verlängert wird (anschaffungsnaher Aufwand). Die Abschreibung bemißt sich dabei nach der bisherigen Bemessungsgrundlage zuzüglich des anschaffungsnahen Aufwandes.[65]

Fallen Herstellungs- und Erhaltungsaufwand zusammen an, ist der Gesamtaufwand grundsätzlich aufzuteilen. Etwas anderes gilt nur, wenn die Aufwendungen bautechnisch ineinander greifen. Unterhaltungsmaßnahmen sind dann in die Gesamtwürdigung der Maßnahme einzubeziehen. Werden Arbeiten, die als Herstellungs- und Erhaltungsaufwand einzuordnen sind, lediglich gemeinsam mit Unterhaltungsmaßnahmen ausgeführt, um Unannehmlichkeiten zu reduzieren, ist eine Aufteilung der Aufwendungen (im Wege der Schätzung) erforderlich. Ausgaben, die mit beiden Aufwendungsarten im Zusammenhang stehen (z.B. Architektenhonorare), sind hierbei prozentual aufzuteilen.

3.1.6.2.2 Funktion der Anschaffungs- und Herstellungskosten bei der Refinanzierung von Anlagegütern

Die Abschreibung aus historischen Anschaffungs- oder Herstellungskosten hat lediglich die Rückgewinnung des bei Errichtung oder Erwerb des Wirtschaftsgutes eingesetzten Kapitals als Ziel (**nominale Kapitalerhaltung**). Die Preissteigerung bleibt daher unberücksichtigt („Mark gleich Mark"). Dies hat besonders bei langlebigen Anlagegütern kommunaler Einrichtungen, wie z.B. dem Leitungs- bzw. Kanalnetz der Wasserversorgung und Abwasserbeseitigung nachhaltige Auswirkungen auf die Finanzierung der

---

[63] Beispielsweise Verwaltungsvorschrift zum stufenweisen Ausbau der Abwasserbehandlung (StAdA), SächsABl. 1993, S.606.
[64] Beschluß vom 22.6.1968, BStBl. 1966 III, S.672; Urteil vom 11.8.1989, BStBl. 1990 II, S. 53.
[65] BFH, Urteil vom 20.02.1975, BStBl. 1975 II, S. 412.

Wiederbeschaffungskosten des Anlagegutes nach Ablauf seiner Nutzungsdauer (Ersatzbeschaffung).

Das Nominalwertprinzip hat nämlich zur Folge, dass durch die jährlichen Abschreibungsbeträge die Kosten der Ersatzbeschaffung der Anlage nur zum Teil erwirtschaftet werden, selbst wenn die Kommune kostendeckende Entgelte erhebt. Die Wiederbeschaffungskosten des Wirtschaftsgutes müssen deshalb teilweise entweder durch (erneute) Beiträge oder durch Kredite finanziert werden.

Deshalb hat der Gesetzgeber in Sachsen den Gemeinden die Möglichkeit eingeräumt, die kalkulatorischen Abschreibungen auch auf der Grundlage der **Wiederbeschaffungszeitwerte** (Tz 3.1.6.3) zu ermitteln.

Bei allen Schwierigkeiten im Detail ist die Ermittlung der kalkulatorischen Abschreibungen aus den historischen Anschaffungs- oder Herstellungskosten verwaltungstechnisch vergleichsweise **einfach zu handhaben**, denn sie geht von den feststehenden historischen Zahlungen aus, welche sich anhand der Rechnungen oder Belege ermitteln lassen und damit in der Regel unangreifbar sind.

3.1.6.3 Der Wiederbeschaffungszeitwert
3.1.6.3.1 Begriff und Funktion

Der Abschreibung vom **Wiederbeschaffungszeitwert** liegt ein wertmäßiges Kostenverständnis zu Grunde, denn der Wiederbeschaffungszeitwert umfaßt die Kosten, die aufgewendet werden müßten, um ein Anlagegut **im Moment der Bewertung neu anzuschaffen oder herstellen** zu können. Das Ziel ist im Gegensatz zur nominalen Kapitalerhaltung die **Substanzerhaltung**. Wiederbeschaffungskosten entsprechen deshalb weitgehend dem Teilwert i.S.d. § 10 BewG. Vereinfacht aber plastischer ausgedrückt kann deshalb gesagt werden, dass die Benutzer der Einrichtung in diesem Fall mit ihren Gebühren nicht die Aufwendungen für die bestehenden Anlagen bezahlen, sondern zur Finanzierung der infolge der Benutzung notwendig werdenden Ersatzbeschaffung herangezogen werden.

Streit herrscht allerdings in der Frage, ob dabei auf die bloße Erhaltung der Substanz **des Vorhandenen** abzustellen ist, d.h. ob lediglich die vorhandenen Wirtschaftsgegenstände als Maßstab für die Ermittlung des Wiederbeschaffungszeitwerts zugrunde gelegt werden dürfen (**reproduktive Substanzerhaltung**) oder ob von einer sogenannten **leistungsäquivalen-**

ten und entwicklungsadäquaten Substanzerhaltung auszugehen ist. Nach der zweiten Ansicht ist die Substanzerhaltung erst gesichert, wenn die Produktivität technisch gleichwertig bleibt (Leistungsäquivalenz) und die zu erhaltenden Güter der technischen Entwicklung angemessen sind (Entwicklungsadäquanz).[66] Danach wäre bei der Ermittlung des Wiederbeschaffungszeitwerts von Anlagegütern auszugehen, welche man nach neustem Erkenntnisstand für die betroffene Anlage verwenden würde.

Zwar können beide Theorien für sich in Anspruch nehmen, zu den betriebswirtschaftlichen Grundsätzen zu gehören, auf die das SächsKAG in § 11 Abs. 1 verweist. Nachdem aber bereits die Ermittlung von Wiederbeschaffungszeitwerten auf der Basis einer **reproduktiven Substanzerhaltung** in der Praxis erhebliche Einschätzungsspielräume eröffnet, würde sich die Nachvollziehbarkeit einer Gebührenkalkulation unter dem Primat einer leistungsäquivalenten und entwicklungsadäquaten Substanzerhaltung weitgehend einer effektiven Nachprüfung durch den Gebührenzahler und die Gerichte entziehen. Auch im Hinblick auf den im Abgabenrecht in besonderer Strenge geltenden Grundsatz der **Rechtssicherheit und Vorhersehbarkeit**[67] ist von einer derart vagen Bemessungsgrundlage eher Abstand zu nehmen.

Eine Bewertung nach dem im Berechnungszeitpunkt **herrschenden technischen Standard** für ein Wirtschaftsgut mit gleicher Zweckbestimmung sollte daher nur erfolgen, wenn sich der Wiederbeschaffungszeitwert nicht mehr auf der Grundlage der vorhandenen Vermögensgegenstände ermitteln läßt.

3.1.6.3.2 Ermittlungsmethode

Bei der Abschreibung aus Wiederbeschaffungszeitwerten wird ebenfalls von den **Anschaffungs- oder Herstellungskosten** ausgegangen. Hinzu kommt jedoch noch die **Anpassung des Wertes** des Vermögensgegenstandes an die jeweilig aktuellen Geldwertverhältnisse. Dies kann entweder durch das **Indexverfahren**, das **Mengenverfahren** oder die **Bewertung nach Marktpreisen** geschehen.

a) Indexverfahren

---

[66] Heßhaus, S. 93 f.
[67] Becker/Fulte, RN 24.

Beim **Indexverfahren** wird der Wiederbeschaffungszeitwert aus den Anschaffungs- oder Herstellungskosten mit Hilfe von Preisindizes aus der amtlichen Statistik des Bundes oder der Länder ermittelt.[68]

Der gewählte Index ist zunächst auf den jeweiligen Bewertungsstichtag umzurechnen und auf die jeweiligen Anlagenteile anzuwenden. Falls die Anschaffungs- oder Herstellungswerte als Grundlage für die Ermittlung des Wiederbeschaffungszeitwerts nach dem Indexverfahren nicht bekannt sind, müssen sie in analoger Anwendung der Bestimmung des § 162 Abs. 1 AO geschätzt werden.

Da die Preisindizes nur wenig untergliedert sind, können die Anlagegüter für die Umrechnung im Indexverfahren weitgehend zusammengefaßt werden. Dies führt in der Regel gleichzeitig zu Ungenauigkeiten bei der Ermittlung des Wiederbeschaffungszeitwertes. Des weiteren ist bei diesem Verfahren zu bedenken, dass die vom Statistischen Bundesamt herausgegebenen Preisindizes die bundesweite Preisentwicklung dokumentieren. Es liegt auf der Hand, dass diese Indizes die Preisentwicklung auf lokalen Beschaffungsmärkten damit nicht unbedingt wiedergeben und den Wiederbeschaffungszeitwert verzerren können. Die Ergebnisse der Bewertung, die auf solchen bundesweit festgestellten Indizes beruhen, sind daher eher unzuverlässig. Deshalb ist bei der Auswahl der Indizes sowohl in sachlicher wie auch in räumlicher Hinsicht soweit wie möglich zu differenzieren und - soweit vorhanden - auf lokale Indizes zurückzugreifen.

Der wesentliche **Vorteil** des Indexverfahrens gegenüber dem Mengenverfahren ist seine einfache Handhabung.

Das **Indexverfahren** wird bevorzugt bei Wirtschaftsgütern angewandt, die dadurch gekennzeichnet sind, dass sie sich von anderen Anlagegruppen in Art und/oder Ausführung unterscheiden, also **insbesondere Sonderbauten** wie Kläranlagen und dergleichen.

b) Mengenverfahren

Die Ermittlung des Wiederbeschaffungszeitwerts mit Hilfe des **Mengenverfahrens** erfolgt in drei Schritten:

---

[68] Diese Baupreisindizes werden vom Statistischen Bundesamt Wiesbaden und dem Statistischen Landesamt des Freistaates Sachsen in Kamenz aufgrund eines Basisjahres (z.Z. 1991) ermittelt und spiegeln die Entwicklung der Preise z.B. für den Neubau ausgewählter Bauwerksarten des Hoch- und Tiefbaus (Baupreisindizes) wieder.

- Als erstes werden die einzelnen Vermögensgegenstände eines Anlagegutes zu einem bestimmten Stichtag nach Menge und Art im Bestand erfaßt (**Mengengerüst**). Die Menge eines Wirtschaftsgegenstandes kann dabei in einem **Längen-** oder **Flächenmaß** oder ganz einfach in **Stückzahlen** angegeben werden. Die Art eines Vermögensgegenstandes wird durch sein Material und dessen Abmessungen bestimmt.

- In einem zweiten Schritt werden die Preise für die einzelnen Anlagegüter nach den im ersten Bewertungsschritt festgelegten Artmerkmalen bestimmt (**Preisgerüst**). Dabei sind die im Bewertungszeitpunkt am Markt festgestellten Preise für Bestände mit **gleicher Zweckbestimmung und Güte** maßgebend. Die so ermittelten Preise sollten in der Form eines Kataloges zusammengefaßt werden.

- Im letzten Bewertungsschritt werden die **Mengen** der einzelnen Anlagegüter mit den zugehörigen **Einheitspreisen ausmultipliziert** und so der Wiederbeschaffungszeitwert eines jeden Gutes ermittelt.

Aufgrund der vorgenommenen Einteilung der Vermögensgegenstände nach Menge und Art wird im Mengenverfahren eine **tiefergehende Gliederung** der Anlagegüter als im Indexverfahren notwendig. In der Folge wird das Vermögen der Gemeinde bei diesem Verfahren aber auch transparenter. Spätere Zu- und Abgänge sind besser nachvollziehbar. Die jährliche Fortschreibung des Anlagenachweises wird **wesentlich** vereinfacht.

So betrachtet ist das Mengenverfahren dem Indexverfahren **grundsätzlich** vorzuziehen.

c) Bewertung nach Marktprinzipien

Die Ermittlung des Wiederbeschaffungszeitwerts kann auch in Anlehnung an **herrschende Marktpreise** erfolgen. Dieses Verfahren dient vor allem der Berechnung der Grundlage der kalkulatorischen Abschreibungen für kurzlebige Vermögensgegenstände, wie z.B. Maschinen oder Kraftfahrzeuge.

Die Abschreibung wird durch Vergleich dieser Anlagegüter mit den aktuellen, am Markt erzielten Preisen der (im Gegensatz zum Mengenverfahren) **jeweiligen Vermögensgegenstände** jedes Jahr ermittelt und so den tatsächlichen Verhältnissen des Beschaffungsmarktes angepaßt. Es liegt auf der Hand, dass dieses Verfahren nur angewandt werden kann, wenn es für Vermögensgegenstände der jeweiligen Art auch entsprechende Marktpreise gibt. Das Verfahren ist naturgemäß aufwendig.

3.1.6.3.3 Sonderrücklage für Mehreinnahmen

Nach § 13 Abs. 4 SächsKAG sind die **Mehreinnahmen**, die aufgrund der Verwendung der Wiederbeschaffungszeitwerte gegenüber den Anschaffungs- oder Herstellungskosten erwirtschaftet werden, einer Rücklage für Investitionen der Einrichtung (Sonderrücklage) zuzuführen. Diese Rücklage ist bei der Wiederbeschaffung zu verwenden und dabei als **Ertragszuschuß** (unten Tz 3.1.11) zu behandeln. In der Folge werden die Benutzer der öffentlichen Einrichtung in Höhe des jeweiligen Auflösungsbetrages bei einer Wiederbeschaffung gebührenmäßig entlastet.

Der Unterschiedsbetrag, der aufgrund der Ermittlung der kalkulatorischen Abschreibung aus Wiederbeschaffungszeitwerten gegenüber den Anschaffungs- oder Herstellungskosten als Grundlage für diese Berechnung entsteht, kann durch eine sogenannte **Vergleichsrechnung** ermittelt werden,[69] d.h., neben der Berechnung der Abschreibung aus Wiederbeschaffungszeitwerten erfolgt eine fiktive Ermittlung der jährlichen Abschreibung aus Anschaffungs- oder Herstellungskosten.

Der so ermittelte Unterschiedsbetrag wird aufgrund des Geldwertverlustes bis zum Ende der Nutzungsdauer des Wirtschaftsgutes voraussichtlich stetig anwachsen. Natürlich wäre es in den meisten Fällen wirtschaftlich wenig sinnvoll, wenn die Gemeinde einerseits zur Finanzierung ihres Haushaltes von Dritten Darlehen aufnähme und andererseits in erheblichem Umfang Rücklagen bilden würde. Daher läßt es § 21 Abs. 1 Satz 2 SächsGemHVO zu, den der Sonderrücklage zugewachsenen Betrag bis zu seiner Verwendung als **innere Darlehen** im Vermögenshaushalt in Anspruch zu nehmen.[70]

Im Zusammenhang mit der Bildung der Sonderrücklage im Sinne von § 13 Abs. 4 SächsKAG sei aber darauf hingewiesen, dass die Rücklage **angemessen zu verzinsen** ist und diese Zinsen der Rücklage jährlich gutzuschreiben sind. Dies führt zu einer zusätzlichen Kostenminderung bei der Verwendung der Rücklage und damit zu einer Verringerung des Gebührenbedarfs bei der Ersatzbeschaffung.[71]

---

[69] Vgl. Nr. 13.4.1 AnwHiSächsKAG.
[70] Vgl. Nr. 13.4.3 AnwHiSächsKAG.
[71] Vgl. § 12 Abs. 3 SächsKAG.

Schließlich ist auch bei der Ermittlung von Abschreibungsbeträgen aus Wiederbeschaffungszeitwerten darauf zu achten, dass nur über die geschätzte Nutzungsdauer des Anlagegutes abgeschrieben werden kann, d. h. die Summe der Abschreibungssätze **maximal 100 vom Hundert** betragen darf.[72] Auch beim Ansatz von Wiederbeschaffungszeitwerten darf die Summe der jährlichen Abschreibungssätze 100 % nicht übersteigen.[73]

3.1.6.3.4 Verbleibende Finanzierungslücke

Bei allen drei Verfahren zur Ermittlung des Wiederbeschaffungszeitwerts führt die kalkulatorische Abschreibung zwar zur Substanzerhaltung und nicht nur zur Rückgewinnung des nominal eingesetzten Kapitals für das Anlagegut. Nachdem die Abschreibung jedoch nur aus dem Wert erfolgt, den der Vermögensgegenstand am Beginn der **jeweiligen** Abrechnungsperiode (Wirtschafts-/ Haushaltsjahr) hatte, liegt es auf der Hand, dass die Summe der Abschreibungen beim Ansatz von Wiederbeschaffungszeitwerten ebensowenig wie bei Anschaffungs- oder Herstellungskosten den Betrag ergeben wird, der an Kosten für eine Ersatzinvestition aufzubringen ist. Es ist daher nicht zu erwarten, dass die Kosten der Ersatzbeschaffung für das Anlagegut am Ende seiner Nutzungsdauer durch die Abschreibungsbeträge erwirtschaftet worden sind.[74]

Beispiel
In einem Beispiel, das von Anlage mit ursprünglichen Investitionskosten von DM 1.000.000, einer Nutzungsdauer von 10 Jahren und einer stetigen Preissteigerung von 2 % ausgeht, hat Rose berechnet,[75] dass die Ersatzbeschaffungskosten der Anlage DM 1.195.083 betragen, die nach Wiederbeschaffungszeitwerten bemessenen Gesamtabschreibungen jedoch nur DM 1.094.972 erbringen. Damit verbleibt auch beim Ansatz von Wiederbeschaffungszeitwerten bei der Ersatzbeschaffung immerhin noch eine Finanzierungslücke von DM 100.111 (bei Abschreibung von den Anschaffungs- oder Herstellungskosten DM 195.083).

Diese Lücke vergrößert sich natürlich bei längerer Nutzungsdauer und/oder höheren Preissteigerungsraten deutlich.

---

[72] Vgl. oben Tz 3.1.1.
[73] Vgl. Nr. 13.1.5 AnwHiSächsKAG.
[74] Vgl. Becker/Fulte RN 280 ff mit Berechnungsbeispiel.
[75] GemHH 1996, S. 25 ff.

Das Ziel einer vollständigen Finanzierung der Ersatzbeschaffungskosten ist daher nur durch eine Abschreibung aus dem **Wiederbeschaffungsendwert** möglich.

3.1.7 Wiederbeschaffungsendwert

Der **Wiederbeschaffungsendwert** beschreibt den Aufwand, der für die Anschaffung oder Herstellung eines Vermögensgegenstandes gleicher Art und Güte am Ende seiner Nutzungsdauer aufzubringen ist. Dem in der Betriebswirtschaftslehre diskutierten Abschreibungsmodell steht jedoch der insoweit eindeutige Gesetzestext des § 13 Abs. 1 S. 1 SächsKAG entgegen.

Grund hierfür ist vor allem die Unsicherheit und Unabsehbarkeit der künftigen Preisentwicklung. Da es unmöglich ist, eine verläßliche Aussage darüber zu treffen, was beispielsweise der Neubau eines Ortskanalnetzes in fünfzig Jahren kosten wird, wäre der Ansatz von Wiederbeschaffungsendwerten **reine Spekulation**, die einer ernsthaften Vermögensbewertung nicht zugrunde gelegt werden kann. Eine auf einer solchen Bewertung fußende Gebührenkalkulation ist damit rechtswidrig.

Wie dargelegt, führt der Geldwertverfall dazu, dass bei einer Abschreibung von Wiederbeschaffungszeitwerten die Summe der aufgelaufenen (erwirtschafteten) Abschreibungen naturgemäß hinter den aktuellen Wiederbeschaffungskosten zurückbleibt. Betrachtet man die Frage der Refinanzierung jedoch ausschließlich einrichtungsbezogen, also aus der Sicht der Benutzer, ist folgendes zu bedenken:

Nachdem das SächsKAG in § 13 Abs. 4 eine Verzinsung der bei der Abschreibung von Wiederbeschaffungszeitwerten zu bildenden Sonderrücklagen vorschreibt (Tz 3.1.6.3.2), dürfen unter Einbeziehung der Zinsen nach sächsischem Recht bei ordnungsgemäßer Kalkulation die Kosten einer Ersatzbeschaffung nahezu gedeckt sein.

Freilich müssen diese Zinsen von der Gemeinde zunächst an anderer Stelle im Haushalt (also durch die Allgemeinheit über Steuern) erwirtschaftet werden.

3.1.8 Vergleich zwischen Anschaffungs- oder Herstellungskosten und Wiederbeschaffungszeitwerten als Grundlage der kalkulatorischen Abschreibungen

Infolge der einfachen Handhabung und Nachvollziehbarkeit ist der Ansatz von **Anschaffungs- oder Herstellungskosten** für die Ermittlung der kalkulatorischen Abschreibungen für die Verwaltung mit einem geringen Aufwand verbunden.

Des weiteren wird der Gebührenzahler lediglich mit den Kosten belastet, die durch die Anschaffung oder Herstellung des Wirtschaftsgutes **tatsächlich** entstanden sind. Anders bei der Abschreibung aus Wiederbeschaffungszeitwerten, bei denen der Gebührenschuldner bereits zur Finanzierung der **Wiederbeschaffungskosten** des Anlagegutes herangezogen wird. Da die Preissteigerungen aber tatsächlich eingetreten und somit einwandfrei nachweisbar sind, hat der Ansatz von Wiederbeschaffungszeitwerten als Basis für die Berechnung der kalkulatorischen Abschreibung durchaus seine Berechtigung. Wird nur von den Anschaffungs- und Herstellungskosten abgeschrieben, führt dies zwar im Moment zu niedereren Gebühren, stellt die Kommune aber in absehbarer Zukunft vor **Finanzierungsschwierigkeiten**.

Zu bedenken ist aber folgendes: Infolge der unterschiedlichen Zielrichtung zwischen Steuerrecht (Ermittlung von Betriebsausgaben) und Betriebswirtschaft (Ermittlung von Kosten) gehen die **Steuergesetze** vom pagatorischen Kostenbegriff[76] aus, d.h. Abschreibungen sind nur aus den historischen Anschaffungs- oder Herstellungskosten zulässig (vgl. § 7 Abs. 1 S. 1 EStG). Im **Steuerrecht** werden demzufolge Abschreibungen als Absetzung für Abnutzung (AfA) oder Absetzung für Substanzverringerung (AfS) bezeichnet. Nachdem steuerrechtlich also nur die Abschreibung aus den Anschaffungs- oder Herstellungskosten zu den Betriebsausgaben gehören, nicht aber die Abschreibung aus den in der Regel höheren Wiederbeschaffungszeitwerten, **führt die Differenz zu einem Gewinn**, der bei Betrieben gewerblicher Art (z.B. Wasserversorgung) eine Körperschaftssteuerpflicht auslöst. Gleiches gilt im übrigen auch für die Eigenkapitalverzinsung, die zwar betriebswirtschaftlich als Kosten, steuerrechtlich aber nicht als Betriebsausgabe angesehen wird.

---

[76] Zum Begriff siehe oben Tz. 3.1.6.1

Insgesamt werden Wiederbeschaffungszeitwerte trotz der aufgezeigten Schwierigkeiten von vielen Kommunen bei der Bemessung der Abschreibung zugrunde gelegt. Nach einer Untersuchung der KGSt verwandten 99 von 124 befragten Gemeinden Wiederbeschaffungszeitwerte als Grundlage für die Berechnung der kalkulatorischen Abschreibungen, soweit dem gesetzliche Regelungen nicht entgegenstanden.[77]

3.1.9 Abschreibungsbeginn und Dauer der Abschreibung

Grundsätzlich gilt, dass die Abschreibung vom **Tage der Anschaffung oder Herstellung des Wirtschaftsgutes** an zu berechnen ist. Wird ein Anlagegut erst zu einem späteren Zeitpunkt als dem Tag der Anschaffung oder Herstellung in Betrieb genommen, so kann auch auf diesen Zeitpunkt abgestellt werden.

Erfolgt die Inbetriebnahme des Vermögensgegenstandes mit Beginn des Jahres, ist der volle Abschreibungsbetrag berücksichtigt. Wird ein Wirtschaftsgut jedoch erst **im Laufe des Jahres** in Betrieb genommen, ist es zeitanteilig abzuschreiben (pro rata temporis). Der Sache nach wäre die Abschreibung damit taggenau zu ermitteln. In der Praxis wird jedoch zumeist von den Vereinfachungsregeln in Abschn. 44 EStR Gebrauch gemacht, um den Berechnungsaufwand in Grenzen zu halten.

Danach kann bei **beweglichen Wirtschaftsgütern** des Anlagevermögens, die in der **ersten Hälfte** des Haushaltsjahres in Betrieb genommen wurden, der gesamte auf das Haushaltsjahr entfallende Abschreibungsbetrag angesetzt werden. Erfolgt die Inbetriebnahme in der **zweiten Hälfte** des Haushaltsjahres ist die **Hälfte** der Abschreibung abzuziehen.

Bei **unbeweglichen Wirtschaftsgütern** des Anlagevermögens erfolgt eine **monatsweise Aufteilung** des jährlichen Abschreibungsbetrags. Das gleiche gilt, wenn Wirtschaftsgüter, z.B. wegen Veräußerung, während des Jahres aus dem Anlagevermögen auszubuchen sind.

Wird ein Wirtschaftsgut erst zum Ende des Haushaltsjahres erworben (Ende Dezember) und ist abzusehen, dass es der entsprechenden Nutzung im

---

[77] Vgl. KGSt- Mitteilungen 1993, Seite 87.

alten Haushaltsjahr nicht mehr zugeführt werden kann, so wird eine Abschreibung erst ab dem Folgejahr vorgenommen.[78]

3.1.10 Berechnung der Abschreibung

Die Abschreibung errechnet sich aus der Anwendung des Abschreibungssatzes auf die Bemessungsgrundlage. Der Abschreibungssatz bemißt sich nach der Nutzungsdauer des Wirtschaftsgutes (siehe oben Tz 3.1.2). Als Bemessungsgrundlage für die Abschreibung können nach § 13 Abs. 1 SächsKAG entweder Anschaffungs- oder Herstellungskosten oder der Wiederbeschaffungszeitwert verwendet werden.[79]

Die Abschreibung berechnet sich also nach folgender Formel:

Bemessungsgrundlage * Abschreibungssatz = Betrag der Abschreibung

3.1.11 Verminderung der Abschreibung bei Ertragszuschüssen

Grundsätzlich sind die Anlagewerte **um Zuweisungen und Zuschüsse Dritter zu kürzen**, soweit die Zuweisungen und Zuschüsse Dritter nicht zur Bildung von Eigenkapital gewährt worden sind (Kapitalzuschüsse).[80] **Kapitalzuschüsse** schmälern die Bemessungsgrundlage nicht. Da bei kostendeckenden Gebühren die Gesamtkosten über die Abschreibungen refinanziert werden, stehen die Kapitalzuschüsse der Einrichtung damit dauernd zur Verfügung.[81] Nach sächsischem Recht werden sie deshalb als Teil des Betriebskapitals jeweiliger Einrichtungen verstanden. Zu beachten ist dabei, dass in Sachsen **Beiträge** i. S. d. §§ 17 bis 25 SächsKAG kraft gesetzlicher Anordnung als Kapitalzuschüsse zu behandeln sind (§ 13 Abs. 2 SächsKAG).

Bei sonstigen Zuwendungen steht es im Ermessen des **Zuwendungsgebers**, welchen **Zweck** er mit der Zuwendung verfolgen will. Insbesondere

---

[78] Beispielsweise Kauf eines Klaviers für die Musikschule Ende Dezember des Geschäftsjahres.
[79] Siehe oben Tz 3.1.6. ff.
[80] Vgl. § 13 Abs. 1 Satz 2 SächsKAG und Tz 13.1.2; 12.2 AnwHiSächsKAG.
[81] Beachte auch § 12 Abs. 3 Halbsatz 2 SächsKAG.

kann er entscheiden, ob der Haushalt des Trägers der öffentlichen Einrichtung oder der Gebührenzahler durch die Zuwendung entlastet werden soll. Für die Behandlung der Zuwendung ist damit insbesondere die Zweckbestimmung in **Zuwendungsbescheiden** verbindlich.

Werden Zuweisungen und Zuschüsse Dritter **nicht ausdrücklich** als Kapitalzuschüsse gewährt, sind sie als **Ertragszuschüsse** zu behandeln. Diese schmälern die Bemessungsgrundlage der Abschreibung und wirken sich somit **gebührensenkend** aus.

Ertragszuschüsse können entweder mit dem Gesamtbetrag von der Bemessungsgrundlage abgezogen werden **(Nettomethode)** und vermindern dadurch die Abschreibung unmittelbar. Eine andere Möglichkeit besteht darin, den Zuschuß zu „passivieren" und über die Zeit der Nutzung der öffentlichen Einrichtung mit einem durchschnittlichen Abschreibungssatz ertragswirksam aufgelöst **(Bruttomethode)**. Die Passivierung von Zuwendungen erfolgt in gleicher Weise wie die Aktivierung auf der Kostenseite, nur in spiegelverkehrter Form.

Der Auflösungsbetrag ist in der Gebührenkalkulation als Einnahme einzustellen und vermindert damit den Gebührenbedarf in gleicher Weise.[82]

Beispiel:

Ausgangsdaten:
Anschaffungs- und Herstellungskosten	8.000.000 DM
Zuweisungen und Zuschüsse	2.800.000 DM
Durchschnittliche (gewichtete) Nutzungsdauer	40 Jahre

Nettomethode
Anschaffungs- und Herstellungskosten	8.000.000 DM
Zuwendungen und Zuschüsse	- 2.800.000 DM
AfA Bemessungsgrundlage	5.200.000 DM
jährliche Abschreibung (5.200.000 * 2,5 %)	130.000 DM
gebührenfähiger Aufwand	**130.00,00 DM**

---

[82] Vgl. § 13 Abs. 1 Satz 2, Abs. 3 Satz 1 SächsKAG.

Bruttomethode

jährliche Abschreibung (8.000.000 * 2,5%)	200.000 DM
abzüglich Auflösung der Einnahmen (2.800.000 * 2,5%)	70.000 DM
gebührenfähiger Aufwand	**130.000 DM**

Da bei der **Bruttomethode** die Ertragszuschüsse und die Herstellungskosten in ihrer ursprünglichen Höhe aufgezeigt werden, ist dieser Methode vor allem im Hinblick auf zukünftige Zuschußanträge und der damit verbundenen Nachweisführung über die Notwendigkeit einer Förderung durch Dritte der **Vorrang zu geben.**

Der **Auflösungssatz** für Ertragszuschüsse ist, soweit die Zuwendungen den jeweiligen Anlagegütern zugeordnet sind oder durch Aufteilung zugeordnet werden können, nach dem jeweiligen Abschreibungssatz des Anlageguts zu bestimmten, um divergierende Ergebnisse von Netto- und Bruttomethode zu vermeiden.

In der Regel können Ertragszuschüsse **keinem Anlagegut direkt zugeordnet** werden. Somit ist entsprechend § 13 Abs. 3 SächsKAG ein **durchschnittlicher Auflösungssatz** für alle betroffenen Wirtschaftsgüter zu bilden. Dadurch treten zwangsläufig Unterschiede in den Ergebnissen der Netto- bzw. Bruttomethode auf, die sich jedoch insgesamt gesehen wieder aufheben. Der einfachen Handhabung wegen sind diese Unterschiede zu vernachlässigen. Hinzu kommt, dass die zu berechnenden kalkulatorischen Zinsen diesen Effekt erheblich abschwächen.[83]

Beispiel: Vergleich zwischen Netto und Bruttomethode

Ausgangsdaten

Herstellungskosten	8.000.000 DM
Zuweisungen und Zuschüsse Dritter[84]	2.800.000 DM
erhaltene Beiträge	500.000 DM
Nutzungsdauer	40 Jahre

---

[83] Vgl. Tz.. 13.3.2 AnwHiSächsKAG.
[84] Die Zuweisungen und Zuschüsse Dritter sind in diesem Beispiel als Ertragszuschüsse zu behandeln.

Berechnung des zu verzinsenden Kapitals nach 20 Jahren Nutzung

	Nettomethode DM	Bruttomethode DM
Abschreibungsbasis		
Herstellungskosten	8.000.000	8.000.000
Kapitalzuschüsse	- 500.000	- 500.000
Ertragszuschüsse	- 2.800.000	0
Bemessungsgrundlage	4.700.000	7.500.000
bisherige Abschreibungsbeträge		
50 % der Bemessungsgrundlage	2.350.000	3.750.000
Restbuchwert	2.350.000	3.750.000
aufzulösende Ertragszuschüsse		
(50 % aus 2.800.000 DM)	0	- 1.400.000
zu verzinsendes Kapital	2.350.000	2.350.000

Es darf nur das tatsächlich eingesetzte Kapital verzinst werden, daher sind Kapitalzuschüsse bei der kalkulatorischen Verzinsung abzuziehen.

Werden **Wiederbeschaffungszeitwerte** als Grundlage für die Berechnung der kalkulatorischen Abschreibungen verwendet, ist bei der Bruttomethode darauf zu achten, dass nach § 13 Abs. 3 S. 2 SächsKAG bei der Berechnung der Auflösungssätze der Geldwertverfall in gleicher Weise zu berücksichtigen ist, wie bei der Ermittlung der jährlichen Abschreibungsbeträge,[85] d.h. das vorhandene Auflösungskapital ist im gleichen Verhältnis zu erhöhen, wie die Anschaffungs- und Herstellungskosten erhöht wurden.

Beispiel

Ausgangsdaten wie oben

---

[85] Vgl. auch Tz.. 13.3.1 AnwHiSächsKAG.

	Baukosten-index	Nettomethode	Bruttomethode	
		Anlagekapital	Anlagekapital	Auflösungs-kapital
Jahr der Herstellung	100	8.000.000 - 2.800.000 - 500.000 = 4.700.000	8.000.000	2.800.000 + 500.000 = 3.300.000
zur Hälfte der Nut-zungszeit	150	nominal 2.350.000 WBZW 3.530.000	nominal 4.000.000 WBZW 6.000.000	nominal 1.650.000 WBZW 2.475.000

4. Teil: Bewertung von Altanlagen

4.1 Allgemeine Grundlagen

Die gesetzliche Grundlage zur Bewertung der zum Zeitpunkt der erstmaligen Aufstellung der Anlagenachweise vorhandenen **Sachen, Grundstücke und grundstücksgleichen Rechten** ist § 46 SächsGemHVO.

Danach kann für diese Vermögensgegenstände ein nach **Erfahrungs- und Durchschnittssätzen ermittelter Zeitwert** zugrunde gelegt werden. Durch diese Regelung wird der Gemeinde bei der Bewertung vorhandener Altanlagen ein großer Ermessensspielraum im Hinblick auf die Wahl des Bewertungsverfahrens eingeräumt.

So können zur Bewertung für bereits vorhandene Vermögensgegenstände entweder die **Wiederbeschaffungszeitwerte** oder die **Restbuchwerte** in Ansatz gebracht werden. Die Bewertung erfolgt zu einem Bewertungsstichtag.

Schon aus **abgabenrechtlicher Sicht** ist darauf hinzuweisen, dass die Befugnis der Gemeinde fehlende Kalkulationsgrundlagen bei der Festsetzung von Gebühren und Beiträgen, also insbesondere auch Anschaffungs- und Herstellungskosten zu **schätzen**, nach § 37 Abs. 1 Nr. 1 SächsKAG zum 31.12.1996 **entfallen** ist. Die Vorschrift des § 46 GemHVO ermächtigt deshalb nicht zu einer überschlägigen Ermittlung der Bemessungsgrundlagen. Vielmehr sind folgende Grundsätze zu beachten:

4.1.1 Bewertung auf der Grundlage der Wiederbeschaffungszeitwerte

Der Wiederbeschaffungs**zeitwert** eines vorhandenen Anlagegutes ergibt sich aus der Differenz zwischen dem Wiederbeschaffungs**preis** zum Bewertungsstichtag und den bis dahin aufgelaufenen Abschreibungen.

Der **Wiederbeschaffungspreis** eines Wirtschaftsgutes kann aufgrund konkreter Angebote, Preisliste o.ä. ermittelt werden. Die Berechnung des Wiederbeschaffungspreises kann aber auch durch die Anwendung eines Preisindizes auf die Anschaffungskosten des Anlagegutes erfolgen (Indexverfahren).[86] Voraussetzung ist hierfür jedoch eine **genaue Kenntnis der Anschaffungskosten** des Wirtschaftsgutes.

Da Vermögensgegenstände aufgrund des **technischen Fortschritts** auch einem technischen Wertverfall unterliegen, ist beim Wiederbeschaffungspreis ein vorsichtig zu schätzender Wertabschlag zu berücksichtigen.

Für die Berechnung der aufgelaufenen Abschreibungen ist es notwendig, das **Jahr der Inbetriebnahme** der Anlage und die **Zahl der Nutzungsjahre** zu bestimmen. Gegebenenfalls ist auch hier eine vorsichtige und möglichst genaue Schätzung der Werte vorzunehmen. Aufgrund dieser Ermittlungen kann die Restnutzungsdauer des Anlagegutes zum Bewertungsstichtag und die jährliche Abschreibungsrate berechnet werden.

Die aufgelaufenen Abschreibungen werden nun mit Hilfe des Wiederbeschaffungspreises und den zukünftigen Abschreibungsbeträgen errechnet und als Anfangsstand der Abschreibungen in die Anlagekarte (Spalte 6) übernommen.

4.1.2 Bewertung auf der Grundlage des Restbuchwertes

Um den Restbuchwert eines Anlagegutes bestimmen zu können, muß als erstes der Anschaffungs- oder Herstellungswert des betroffenen Wirtschaftsgutes ermittelt werden.[87] In Zweifelsfällen ist er sorgfältig zu schätzen. Amtliche Preisindizes des Statistischen Bundesamtes oder des Statistischen Landesamtes können als Hilfsmittel zur möglichst genauen Ermittlung der Anschaffungs- oder Herstellungskosten herangezogen werden.

Von dem so ermittelten Anschaffungs- oder Herstellungswert werden die bis zum Bewertungsstichtag aufgelaufenen kalkulatorischen Abschreibungen abgezogen, um den Restbuchwert des Anlagegutes zu erhalten.[88]

---

[86] Siehe oben Tz 3.1.6.3.2 lit. a).
[87] Zur Bewertung aus Anschaffungs- oder Herstellungskosten vgl. oben Tz. 3.1.6.2.
[88] Die Vorgehensweise bei der Ermittlung der aufgelaufenen Abschreibungen ist identisch mit der bei der Bewertung von Altanlagen mit Hilfe der Wiederbeschaffungszeitwerte.

4.2 Besonderheiten bei der Bewertung des Anlagevermögens ehemaliger volkseigener Betriebe der Wasserversorgung und Abwasserbehandlung (VEB WAB)

4.2.1 Bewertung des Vermögens und der Schulden nach dem D- Markbilanzgesetz

Die Einführung der D- Mark in den neuen Bundesländern zum 1. Juli 1990 machte es erforderlich, das Vermögen und die Schulden aller Unternehmen in der ehemaligen DDR neu zu bewerten. Die Umstellung auf die Rechnungslegung nach dem Handelsgesetzbuch (HGB) wurde durch das D-Markbilanzgesetz (DMBilG) geregelt.

Zwar sind im Hinblick auf § 2 DMBilG die Gemeinden nicht zur Erstellung eines Inventars, einer Eröffnungsbilanz und eines Anhangs verpflichtet worden, jedoch sollten auch die Kommunen ihr Vermögen und ihre Schulden in Anlehnung an das DMBilG und den darin enthaltenen Bewertungsvorschriften in DM-Beträgen neu ausgewiesen haben, denn für die Gemeinden wurden keine speziellen gesetzlichen Regelungen für die Bewertung des Vermögens im Wege der Währungsumstellung erlassen.

In das Inventar waren **alle** nach den Vorschriften des HGB zu erfassenden **Vermögensgegenstände** und **Schulden** aufzunehmen. Hiervon waren auch die aus ehemals volkseigenem Vermögen innerhalb der Aufstellungsfrist für die Eröffnungsbilanz unentgeltlich übertragenen Vermögensgegenstände betroffen.

Die Eröffnungsbilanz hatte unter Beachtung der Grundsätze einer ordnungsgemäßen Buchführung die Vermögenslage zu vermitteln.[89] Zusätzlich benötigte Angaben konnten hierzu in der Anlage zur Eröffnungsbilanz gemacht werden.

Nach § 7 DMBilG waren all die Vermögensgegenstände **neu zu bewerten**, deren Wertansätze nicht in einem im Staatsvertrag festgelegtem Verhältnis

---

[89] Vgl. § 264 Abs. 2 Satz 1 HGB, § 4 Abs. 2 DMBilG.

von Mark der DDR in DM umgerechnet werden konnten.[90] Die ermittelten Wertansätze in der **Eröffnungsbilanz** gelten in der Zukunft als **Anschaffungs- oder Herstellungskosten**. Die Neubewertung der Schulden bezog sich im Prinzip nur auf Rückstellungen für drohende Verluste aus schwebenden Geschäften.[91]

Bei der Neubewertung der Vermögensgegenstände wurde eine **Differenzierung** zwischen Vermögensgegenständen zur **Weiterverwendung** und Vermögensgegenständen, für die keine Weiterverwendung beabsichtigt wurde, vorgenommen.

Für Anlagegüter ohne Weiterverwendung war der Verkaufserlös abzüglich der beim Verkauf anfallenden Kosten anzusetzen. Für die Bewertung der Wirtschaftsgüter, für die eine Weiterverwendung beabsichtigt wurde, war das **Wiederbeschaffungswertprinzip** zugrunde zu legen. Somit waren hier die Wiederbeschaffungskosten bzw. Wiederherstellungskosten zu ermitteln.[92] Da es in der ehemaligen DDR zu diesem Zeitpunkt noch **keine vergleichbaren Marktpreise** gab, waren auch die Preisverhältnisse im Gebiet der früheren Bundesrepublik zu berücksichtigen (§ 7 Abs. 2 DMBilG).

Für zwischenzeitliche Nutzung und einen nicht zeitgerechten **technischen Stand** der Vermögensgegenstände mußte ein **Wertabschlag** vorgenommen werden.

Aufgrund hoher Unsicherheiten bei der Ermittlung der Wertansätze für die DM- Eröffnungsbilanz, war eine **Berichtigung** dieser Werte bis **31.12. 1994** möglich.

4.2.2 Problemstellung

Mit der Wiedervereinigung ging die Aufgabe der Abwasserbeseitigung und Trinkwasserversorgung, die in der DDR zentral bei den volkseigenen Betrieben der Wasserversorgung und Abwasserbehandlung (VEB WAB) angesiedelt war, auf die Gemeinden über. Das Vermögen der ehemaligen VEB WAB wurde den Gemeinden entsprechend den Regelungen des

---

[90] Umgerechnet werden konnten hier Guthaben, Forderungen, Verbindlichkeiten zum Kurs von 2:1 sowie Löhne, Gehälter, Mieten, Pachten, Renten zum Kurs von 1:1.
[91] Vgl. § 253 Abs. 1 Satz 2 HGB, § 17 Abs. 3 DMBilG.
[92] Vgl. § 255 Abs. 1, 2 HGB, § 7 Abs. 1 DMBilG.

Kommunalvermögensgesetzes und des **WAB- Entflechtungsgesetzes** übertragen.

Dieser Entflechtungsprozeß gestaltete sich sowohl in rechtlicher als auch in tatsächlicher Hinsicht schwierig. Zumal es nicht nur darum ging, die weitere Aufgabenerfüllung sicherzustellen, sondern wegen des katastrophalen Zustandes der Abwasserbeseitigungs- und Trinkwasserversorgungsanlagen den Weg für Investitionen in Milliardenhöhe aufs schnellste frei zu machen, stand die Durchführung der Entflechtung unter einem erheblichen Zeitdruck. Wie die nachfolgende Untersuchung zeigen wird, hat dies allerdings auch dazu geführt, dass die kommunalen Aufgabenträger dabei unbewußt finanzielle Verpflichtungen übernommen haben, die sie bzw. die Entgeltpflichtigen in noch nicht absehbarem Maße belasten werden.

Die **Liquidation** der WAB Kapitalgesellschaften als Rechtsnachfolger des VEB WAB erfolgte in der Regel nachdem **Entflechtungsverträge** zwischen der WAB Kapitalgesellschaft, dem künftigen Aufgabenträger und der jeweiligen **Vereinigung der kommunalen Anteilseigner** an der WAB Kapitalgesellschaft (VKA) als deren Gesellschafter geschlossen wurden. Diesen Entflechtungsverträgen lagen Übergabebilanzen zugrunde, mit denen die von den einzelnen Kommunen zu übernehmenden Vermögensgegenstände und die Schulden dargestellt wurden. Wie nachfolgend dargelegt wird, enthalten aber diese von Wirtschaftsprüfern geprüften und testierten Bilanzen teilweise zu Ungunsten der Übernehmer unrichtige Vermögenswerte, mit der Folge, dass den Gemeinden und Zweckverbänden zumeist real keine Vermögenswerte, sondern lediglich Belastungen übertragen worden sind. Dies kann zu einer erheblichen Schädigung der kommunalen Haushalte führen, die auch nicht durch Beiträge und Gebühren kompensiert werden darf.

4.2.3 Historischer Überblick

4.2.3.1 Organisation der Wasserversorgung und Abwasserbeseitigung in der DDR

Die Abwasserbeseitigung und Trinkwasserversorgung war in der DDR zentral den 15 volkseigenen Betrieben der Wasserversorgung und Abwasserbehandlung, die in 129 Bereichsdirektionen gegliedert waren, zugeordnet.

Die VEB WAB finanzierten sich ähnlich dem heutigen Recht zunächst aus Entgelten, nämlich dem sogenannten „**Wasserpreis**". In diesen Wasserpreis wurden neben den laufenden Kosten auch Abschreibungen und Zinsen (sogenannter Betriebspreis[93]) einkalkuliert. Aus diesen selbst erwirtschafteten Abschreibungen und eventuellen Gewinnen sollten Ersatzinvestitionen finanziert werden. Allerdings wurde der Wasserpreis **1966 eingefroren**. Die Differenz zwischen dem Betriebspreis und den tatsächlichen Erlösen wurde zwar in Form einer produktionsgebundenen **staatlichen Preisstützung**[94] ausgeglichen.

Andererseits wurde das Betriebsergebnis wiederum um die **Produktionsfondabgabe** und die willkürlich festgelegte **Nettogewinnabgabe** reduziert. Darüber hinaus gingen die Abschreibungsanteile als sogenannte Amortisationen in den von den Betrieben gemeinsam zu bildenden **Investitionenfond** ein, aus dem die Mittel für die Erweiterung, den planmäßigen Ersatz und die Modernisierung des als „Grundmittel" bezeichneten Anlagevermögens bestritten werden sollten.
Schließlich wurden Investitionen durch Kredite bei der Staatsbank der DDR im Rahmen der ihnen von staatlicher Seite zugewiesenen „**Grundmittelkredite**" finanziert. In den 70er Jahren kamen Gewinne aus der Staatlichen Lotterie hinzu, die vorwiegend für Erschließungsmaßnahmen im ländlichen Raum verwendet wurden (Landprogramm). Die Höhe der „Gewinne" und die Zuweisung aus den Investitionsfond bzw. von Grundmittelkrediten folgte einem übergeordneten staatlichen Interesse und war aus Sicht des einzelnen VEB WAB eher zufällig. Der VEB hatte auf die Art der Finanzierung kaum Einfluß.

Infolge fehlender Mittel unterblieben jedoch größtenteils selbst die notwendigsten Instandhaltungs- und Sanierungsmaßnahmen, ganz zu schweigen von der Anpassung der Anlagen an den technischen Fortschritt.

Das Anlagevermögen wurde deutlich über seine normative Nutzungsdauer hinaus genutzt. Ganze Anlagegruppen wurden regelmäßig durch Ministerratsbeschluß zu einem „zweiten Leben" erweckt, indem **bereits abgeschriebenem Vermögen ein neuer fiktiver Restbuchwert zugeordnet wurde**, mit dem Ziel, erneut (fiktive) Abschreibungen anzusetzen.

---

[93] Vgl. Sozialistische Betriebswirtschaft, Lehrbuch, S. 211.
[94] Verordnung über produktionsgebundene Abgaben und Subventionen (PAVO) vom 01.03.1972, GBl. II/1972, Nr. 12.

Auf Ministerratsbeschluß wurde 1971 mit dem Landprogramm eine **Volksmasseninitiative** (VMI) ins Leben gerufen, die zur Verbesserung der Infrastruktur beitragen sollte. Insbesondere aus den erwähnten Gewinnen der staatlichen Lotterie wurden dem Rat der Gemeinde über den Rat des Bezirks und den Rat des Kreises hierfür Mittel zur Verfügung gestellt. Sie dienten sowohl der Entschädigung, der an solchen Maßnahmen mitarbeitende Bürger, als auch der Abdeckung der Materialkosten. Die Anlagen wurden als volkseigenes Vermögen der WAB zur Verwaltung und Betriebsführung übertragen. Rechnungstechnisch wurden die Aufwendungen in einem **Aktivierungsprotokoll** erfaßt, das die Grundlage für die Bewertung der „Grundmittel" (=Anlagevermögen) in der Bilanz des VEB WAB darstellte. Es war jedoch ein offenes Geheimnis, dass Arbeitslöhne von den beteiligten Bürgern in der Regel mit dem Dreifachen des tatsächlichen Arbeitszeitaufwandes abgerechnet wurden. Andererseits unterblieb teilweise eine Aktivierung, so dass im Anlagevermögen der VEB WAB nicht alle tatsächlich vorhandenen Vermögenswerte erfaßt waren, die im Rahmen des „Landprogrammes" geschaffen wurden (sogenanntes „**vagabundierendes Vermögen**").

Nach all dem liegt es auf der Hand, dass insbesondere die Anlagebuchhaltung der VEB WAB keine Aussagen über den tatsächlichen Wert des Vermögens zuläßt. Die Wirtschafts- und Rechnungsführung der VEB WAB entsprach damit **nicht den Grundsätzen**, die an eine aus heutiger Sicht **ordnungsgemäße Buchführung** nach handelsrechtlichen Vorschriften zu stellen sind.

Diese Erkenntnis hätte zu dem Schluß führen müssen, dass das WAB-Anlageverzeichnis nicht ohne weiteres als Grundlage für die DM-Eröffnungsbilanz, die Jahresabschlüsse der WAB Kapitalgesellschaften, die Übergabebilanzen der Entflechtungsverträge und die aktuelle Anlagebuchhaltung in den Gemeinden bzw. Zweckverbänden hätte herangezogen werden dürfen. Die weitreichenden Folgen sollen nachfolgend näher untersucht werden.

4.2.3.2 Entflechtung des WAB- Vermögens

Nach dem Beitritt zur Bundesrepublik Deutschland galt es, mit dem Übergang der Aufgabe der Abwasserbeseitigung und Wasserversorgung auf die Gemeinden auch das Vermögen der zentralen VEB WAB zu entflechten. Ansprüche der Gemeinden auf Übertragung des wasserwirtschaftlichen Vermögens bestehen aufgrund von Art. 21 des Einigungsvertrages bzw. §

2 Abs. 1 des Kommunalvermögensgesetzes,[95] da das wasserwirtschaftliche Vermögen der Erfüllung von Selbstverwaltungsaufgaben dient.

Auf der Grundlage der Verordnung zur Umwandlung von volkseigenen Kombinaten, Betrieben und Einrichtungen in Kapitalgesellschaften vom 1.3.1990[96] wurden die VEB WAB in eine GmbH bzw. in eine Aktiengesellschaft umgewandelt, deren Gesellschaftsanteile bzw. Aktien die Treuhandanstalt hielt bzw. inne hatte (§ 3 Abs. 1 der Verordnung). Zumindest nach Auffassung des Bundesministers des Inneren hatten die Kommunen wegen § 1 Abs. 3 Treuhandgesetz[97] keinen unmittelbaren Anspruch auf Herausgabe des Vermögens, sondern vielmehr nur einen Anspruch auf Übertragung der Geschäftsanteile bzw. der Aktien der WAB Kapitalgesellschaft. Nachdem es sich jedoch äußerst kompliziert gestaltet hätte, wenn die Treuhandanstalt jeder einzelnen Kommune Geschäftsanteile bzw. Aktien übertragen hätte müssen, gründeten sich in der Regel die **Vereinigung der kommunalen Anteilseigner** der WAB (VKA) in Form von eingetragenen Vereinen. Mitglieder waren die anteilsberechtigten Gemeinden. Die Aufgabe der VKA bestand in der Übernahme der Gesellschaftsanteile/Aktien der WAB Kapitalgesellschaft von der Treuhandanstalt und der anschließenden Aufteilung des Vermögens und der Schulden auf ihre Mitglieder. Zu diesem Zweck wurden in der Regel Entflechtungskommissionen gebildet, der Vertreter der VKA e.V., der Regierung, der WAB Kapitalgesellschaft und Wirtschaftsprüfer angehörten.

In der Folge wurden den VKA e. V. die Gesellschaftsanteile/Aktien der WAB Kapitalgesellschaften vollständig übertragen. Dem Anteilsübertragungsvertrag lagen Eröffnungsbilanzen nach dem DMBilG zugrunde.

Diese Bilanzen weisen zumeist eine sogenannte **Ausgleichsverbindlichkeit** i.S.d. § 25 Abs. 1 DMBilG aus, d.h. einen **Überschuß des Eigenkapitals** über das Sachanlagevermögen. In der Annahme der Richtigkeit der darin enthaltenen Wertansätze wurden die Eröffnungsbilanzen von den Gesellschafterversammlungen festgestellt.

In den Jahren 1992/93 war die Neubildung der neuen Strukturen im Bereich der Wasserversorgung und Abwasserbeseitigung weitgehend abgeschlossen. Damit konnte die Zuordnung und Übertragung der vorhandenen

---

[95] GBl. (DDR) 1990 Teil 1 S. 660.
[96] GBl. (DDR) 1990 Teil I S. 107.
[97] GBl. (DDR) 1990 Teil I S.300.

Anlagenteile sowie der anteiligen Schulden im Wege der Entflechtung erfolgen. Die vorbezeichnete Ausgleichsverbindlichkeit stellte dabei oftmals den Ausgangspunkt für die Bemessung des Entgelts dar, das die kommunalen Aufgabenträger für die Übertragung des WAB- Vermögens zu zahlen hatten. Im Zusammenhang mit der Entflechtung beschlossen die VKA als Gesellschafter in der Regel die Liquidation der WAB Kapitalgesellschaft. Gleichzeitig wurden Wirtschaftsprüfer mit der Begutachtung der Wertansätze des Anlage- und Grundvermögens und mit der Berichtigung der DM-Eröffnungsbilanz entsprechend § 36 Abs. 4 S. 1 DMBilG beauftragt. Nach dem Abschluß aller Entflechtungsverträge mit den Aufgabenträgern wurden die VKA e.V. aufgelöst oder sind noch in Auflösung begriffen.

Grundlage der Entflechtungsverträge bildeten die Bilanzen des Überträgers (WAB Kapitalgesellschaft) zum Bewertungsstichtag und die für den jeweiligen neuen Aufgabenträger erstellen Teilbilanzen, in denen sich das übernommene Vermögen bzw. die anteiligen Schulden widerspiegeln sollten.

Wie nachfolgend dargelegt wird, bestehen aber erhebliche Zweifel an der Ordnungsmäßigkeit dieser den Entflechtungsverträgen zugrunde liegenden Bilanzen, denn die DM- Eröffnungsbilanzen wurden nahezu ausschließlich auf der Grundlage der Ergebnisse der Anlagebuchhaltung der VEB WAB erstellt. Wie nachfolgend erörtert wird, steht zu vermuten, dass die Wertansätze nicht ordnungsgemäß geprüft und berichtigt worden sind, sondern in den Folgebilanzen „Phantasiebuchwerte" ungeprüft übernommen wurden.

4.2.4 Fehler bei der Aufstellung der Eröffnungsbilanzen

4.2.4.1 Erforderlichkeit einer Inventur zur Erstellung der DM-Eröffnungsbilanz

Mit der Wirtschafts- und Währungsunion war nach § 1 Abs. 1 DMBilG für Unternehmen mit Hauptniederlassung in der DDR zum 01.07.1990 eine DM-Eröffnungsbilanz zu erstellen. Die Aufstellungsfristen ergeben sich aus § 4 DMBilG. Dies galt auch für die Nachfolgekapitalgesellschaften der VEB WAB.

4.2.4.1.1 Anforderungen an die Inventur und das Inventar

Die Erstellung einer Bilanz setzt nach § 240 HGB ein Inventar, also ein Verzeichnis der Vermögensgegenstände und der Schulden nach Art, Menge und Wert voraus. Das Mengengerüst für die Ausstellung des Inventars liefert die Inventur,[98] also eine körperliche Bestandsaufnahme des materiellen Anlagevermögens. Nur für immaterielle Wirtschaftsgüter genügt eine sogenannte „Buchinventur".

Die Inventur ist also zwingende Voraussetzung für die Erstellung einer ordnungsgemäßen Bilanz, da das Inventar Nachweis- und Bewertungsfunktion der Aktiva und Passiva hat. Auch für die DM-Eröffnungsbilanz war nach den §§ 2, 3 DMBilG unter entsprechender Anwendung der Vorschriften des § 240 HGB ein Inventar zu erstellen. Nach den Inventurgrundsätzen, die zu den Grundsätzen ordnungsgemäßer Buchführung gehören, hätte somit eine vollständige und in Bezug auf Art, Menge und Qualität zutreffende Erfassung sämtlicher Vermögensgegenstände und Schulden, ferner eine übersichtliche, verständliche und glaubwürdige Darstellung der Inventurergebnisse nach dem Grundsatz der Einzelerfassung erfolgen müssen[99].

Zwar konnte nach § 3 DMBilG bei der Inventur zum 01.07.1990 von einer mengenmäßigen Erfassung der Vermögensgegenstände und Schulden abgesehen werden. Diese galt jedoch nur, wenn das Schlußinventar zum 30.06.1990 ordnungsgemäß aufgestellt wurde und der Prüfer bei der Inventur anwesend war oder dieser die Ordnungsmäßigkeit der Inventur zum 30.6.1990 nachträglich anerkennt.[100] Eine solche Inventur war nach der Verordnung des Ministerrats vom 27.6.1990[101] durchzuführen. Sie war die Grundlage für die auf diesen Zeitpunkt zu erstellende Schlußbilanz, die nach den bisherigen Rechnungslegungsvorschriften der DDR[102] aufzustellen war. Damit sollte Doppelarbeit vermieden werden.[103]

Eine ordnungsgemäße Inventur hat aber in keinem der hier bekannten Fälle stattgefunden, und zwar weder zum 30.6.1990 noch zum 01.07.1990. Vielmehr wurden die Bilanzansätze ohne eine vorherige körperliche Be-

---

[98] Vgl. Budde, Bilanz- Kommentar, § 240 RN 12.
[99] Vgl. hierzu auch Budde in Budde/Forster, § 3 RN 18 ff.
[100] Budde/Kurz in Budde/Forster, § 3 RN 6.
[101] GBl. (DDR) 1990 Teil I S. 593.
[102] Insbesondere §§ 9 ff. und 18 ff der Verordnung über die volkseigenen Kombinate, Kombinationsbetriebe und Volkseigenen Betriebe vom 8.11.1979 GBl. (DDR) 1979 Teil I S. 355.
[103] Vgl. amtl. Begründung zu § 3 DMBilG.

standsaufnahme unmittelbar aufgrund der Daten in den WAB-Anlageverzeichnissen (WAB-Listen) ermittelt.

4.2.4.1.2 Verzicht auf eine Inventur bei Vermögensgegenständen des Anlagevermögens

Nach § 3 Abs. 2 S. 1 DMBilG waren auch für die Erstellung der DM- Eröffnungsbilanzen die Vermögensgegenstände grundsätzlich körperlich zu erfassen. Jedoch konnte nach S. 3 der Vorschrift bei Vermögensgegenständen des Anlagevermögens in den Fällen, in denen ein Anlageverzeichnis vorlag, das den Grundsätzen ordnungsgemäßer Buchführung entsprach und bei dem in den letzten zwölf Monaten eine körperliche Bestandsaufnahme stattgefunden hat, auf eine körperliche Bestandsaufnahme verzichtet werden. Damit sollte dem in der Praxis gängigen Bestandsnachweis durch eine Anlagekartei entsprochen werden.[104]

4.2.4.1.3 Anforderungen an ein Anlageverzeichnis

Die Anlagekartei muß zur Gewährleistung der Nachvollziehbarkeit und als Grundlage zur Bilanzierung mindestens folgende Angaben enthalten:[105]

- Genaue Bezeichnung des Vermögensgegenstandes
- Tag der Anschaffung oder Herstellung
- Höhe der Anschaffungs- oder Herstellungskosten
- Abschreibungsmethode und (maßgebliche) Nutzungsdauer
- Bilanzwert am Bilanzstichtag
- ggf. Tag des Abgangs

4.2.4.1.4 Tauglichkeit der WAB- Anlagekarteien als Anlageverzeichnis

Als Basis für die DM- Eröffnungsbilanzen bzw. für die den Entflechtungsverträgen zugrunde liegenden Übergabebilanzen wurden, wie bereits erwähnt, die für die WAB - „Grundmittelrechnung" geführten Anlageverzeichnisse (sog. WAB-Listen) verwendet, in denen Grundstücke, Gebäude, im Bau befindliche Anlagen, bewegliche und immaterielle Vermögensge-

---

[104] Budde/Kunz, in Budde/Forster § 3 RN 49.
[105] Stellungnahmen der HFA 1/1990, Wpg 1990 S. 144 A II. b.

genstände aufgeführt sind. Zwar weisen Budde/Kunz[106] daraufhin, dass auf die Ergebnisse der „Grundmittelrechnung" die nach der Anordnung über Rechnungsführung und Statistik geführt wurden, zurückgegriffen werden könne, aber eben nur, soweit diese zuverlässig sind. Insbesondere die Auflistung der Anlagen der Kanalisation, technischen Anlagen und Maschinen genügt diesen Anforderungen nicht und kann damit nicht als zuverlässig angesehen werden.

4.2.4.1.4.1. Formelle Fehler

Bereits in formeller Hinsicht haften den WAB- Anlagekarteien Fehler an, die nach den Grundsätzen ordnungsgemäßer Buchführung bereits eine ungeprüfte Verwendung für das Inventar und damit für die Bilanz verboten hätten.

a) In der Anlagekartei hätten aus den vorgenannten Gründen die Bilanzwerte für jeden einzelnen Vermögensgegenstand so dargestellt sein müssen, dass die Zusammensetzung der Bilanzpositionen nachvollziehbar ist. Dagegen enthalten die Verzeichnisse über bewegliche Wirtschaftsgüter häufig auch Grundstücke und Bauten auf fremden Grundstücken.

b) Die einzelnen Bilanzpositionen lassen sich oft wertmäßig nicht abstimmen, da beispielsweise die Anlagegüter lediglich nach Gemeinden gegliedert sind und die Verbindung zu den Bilanzpositionen fehlt.

c) Des weiteren sind die Zugangsjahre der Vermögensgegenstände teilweise nicht ersichtlich, geschweige denn der Anschaffungstag.

d) Die Nutzungsdauer und Abschreibungssätze der Vermögensgegenstände wurden zum Großteil in den Anlageverzeichnissen der WAB nicht vermerkt.

4.2.4.1.4.2 Inhaltliche Verläßlichkeit der Angaben der WAB- Anlageverzeichnisse

Die Anlagekarteien sind jedoch insbesondere deshalb unzuverlässig, weil die Angaben inhaltlich unstimmig sind.

---

[106] Budde/Forster § 3, RN 50.

a) Die Aufzeichnungen über Kanäle und Leitungen enthalten zumeist nur Angaben über die Materialart und Nennweite. Sie sind in der Regel ohne weitere Untergliederung lediglich in Gruppen zusammengefaßt.

b) Aufgrund der unzureichenden Bezeichnung und fehlenden Einzelerfassung läßt sich die Lage und damit das Vorhandensein der Vermögensgegenstände nicht bestimmen.

c) Wie bereits erläutert, sind andererseits im wasserwirtschaftlichen Vermögen der WAB Kanäle tatsächlich vorhanden, die nicht registriert und damit in den WAB-Listen nicht verzeichnet sind.

d) Soweit Nutzungsdauern erkennbar sind, schwanken die angegebenen Werte für Kanäle gleicher Bauart ohne ersichtlichen Grund zwischen 25 und 95 Jahren. Zumeist entspricht die angegebene Nutzungsdauer nicht den realen Verhältnissen. Diese überzogenen Abschreibungszeiträume haben zur Folge, dass zum Teil enorme Restbuchwerte für Anlagen der Kanalisation ausgewiesen werden, obwohl die Anlagen, wie noch darzustellen sein wird, tatsächlich technisch unbrauchbar sind und nicht mehr aktiviert werden dürfen.

e) Darüber hinaus wurden veränderte technische Anforderungen an die Kanalisation nicht beachtet. So sind viele Kanäle, bedingt durch die größere Oberflächenversiegelung oder eine zu geringe Abflußkapazität, nicht nutzbar und müssen ausgewechselt werden. Das selbe gilt für Schachtdeckel, die heutzutage mit mehr als dem doppelten Gewicht von Lastkraftwagen beansprucht werden. Solche Vermögensgegenstände haben keinen aktivierfähigen Wert, sind aber durch die Übernahme der WAB-Listen in den Aktiva enthalten.

f) Darüber hinaus sind Anlagen durch Bedarfsverschiebungen funktions- und damit wertlos geworden.

Im Ergebnis kann deshalb festgehalten werden, dass die Anlagekarteien keine zuverlässige Auskunft über das Mengengerüst für die Bewertung der Sachanlagen geben. Damit wäre eine körperliche Bestandsaufnahme unabdingbar gewesen. Soweit, ersichtlich ist in den meisten Fällen aber eine Inventur bis zum heutigen Tage unterblieben.

4.2.4.2 Folgen für die Neubewertung der Sachanlagen

Die aufgrund der Inventur ermittelten Vermögensgegenstände und die Schulden waren sodann in D-Mark neu zu bewerten. Dabei galten folgende Bewertungsgrundsätze:

a) Grundsätzlich hatte der Ansatz nach § 7 Abs. 1 DMBilG mit dem Wiederbeschaffungs- oder Wiederherstellungskosten, also dem Neuwert zu erfolgen, höchstens jedoch mit dem Zeitwert. § 7 Abs. 5 S. 2 DMBilG ordnete darüber hinaus an, dass Vermögensgegenstände, die noch genutzt werden, aber vor dem 01.07.1990 bereits vollständig abgeschrieben waren, höchstens mit ihrem Veräußerungswert angesetzt werden durften.

b) Immaterielle Vermögensgegenstände durften nur aktiviert werden, wenn sie entgeltlich erworben wurden (§ 8 Abs. 1 DMBilG, § 248 Abs. 2 HGH). Vor dem 01.07.1990 entgeltlich erworbene immaterielle Vermögensgegenstände sind mit den Wiederbeschaffungskosten für die bisherige Nutzung oder mit dem beizulegenden Wert zu bewerten. Statt der Einzelwerte darf nach § 8 Abs. 3 DMBilG der Gesamtwert (Summe der Teilwerte) aller immateriellen Vermögensgegenstände angesetzt werden, den ein Käufer bei der Fortführung des Unternehmens im Rahmen des Gesamtkaufpreises bezahlt hätte. Der Teilwert ist auch maßgebend, wenn unter den Bedingungen des § 31 DMBilG ausnahmsweise originäre immaterielle Werte als Bilanzierungshilfe aktiviert worden wären.

c) Nach § 9 Abs. 1 S. 1 DMBilG war der Grund und Boden zum Verkehrswert anzusetzen. Der Verkehrswert wird durch den am Markt erzielbaren Preis bestimmt, wobei nach § 9 Abs. 1 S. 2 DMBilG die Preisentwicklung im gesamten Währungsgebiet der DM bis zur Feststellung der Eröffnungsbilanz berücksichtigt werden durfte.

d) Nach § 10 Abs. 1 DMBilG waren Gebäude und andere Bauten, technische Anlagen und andere Anlagen, Maschinen, Betriebs- und Geschäftsausstattung mit ihrem Wiederherstellungskosten oder mit ihren Wiederbeschaffungskosten (§ 7 Abs. 2 und 3 DMBIG) unter Berücksichtigung des Wertabschlages für die zwischenzeitliche Nutzung, höchsten jedoch mit dem Zeitwert i.S.d. § 7 Abs. 1 S. 1 DMBilG oder dem Verkehrswert anzusetzen. Unterlassene Instandhaltungen und Großreparaturen zur Erhaltung der Bausubstanz waren bei der Ermittlung des Zeitwertes wertmindernd zu berücksichtigen. Nach der Änderung des DMBilG vom 23.09.1990 konnte statt des Abschlags eine Rückstellung nach § 249 Abs. 1 S. 2 oder S. 3 oder Abs. 2 HGB gebildet werden.

Allein aufgrund der Bestimmungen des Gesetzestextes wird deutlich, dass für die Durchführung der Bewertung exakte Kenntnisse über die einzelnen Vermögensgegenstände erforderlich waren; Angaben, die den Anlagekarteien der WAB nicht zu entnehmen sind. Um so mehr wäre eine Inventarisierung auch der Sachanlagen erforderlich gewesen. In der Praxis unterblieb eine Inventur zumindest für die Anlagen der Kanalisation jedoch regelmäßig. Statt dessen wurde der Bewertung trotz aller Mängel zumeist das inhaltlich unzureichende Anlageverzeichnis der WAB zugrunde gelegt. Daraus ergab sich als zwangsläufige Folge, dass die darauf basierende Neubewertung in DM-Werten nicht exakt durchgeführt werden konnte. Vielmehr erfolgte die Bewertung in DM-Werten nur durch eine Umrechnung mittels pauschaler Umrechnungsfaktoren der Vermögensgegenstände entsprechend den Anlagegruppen der „Grundmittelrechnung,". Obwohl nach § 19 Abs. 1 DMBilG im Anhang zu Eröffnungsbilanz für jeden Posten der Eröffnungsbilanz die Bilanzierungs- und Bewertungsmethoden anzugeben und so zu erläutern sind, so dass ein sachverständiger Dritter die Wertansätze zu beurteilen kann, sind in vielen Fällen jedoch auch die Bewertungsmaßstäbe nicht erkennbar. Das so gewonnene Ergebnis wurde in die DM-Eröffnungsbilanz aufgenommen.

Insgesamt kann damit festgehalten werden, dass die Aktivposten der DM-Eröffnungsbilanz in der Regel deutlich überbewertet sind, wobei diese Feststellung auch nach Berichtigung der Wertansätze um einzelne bisher nicht enthaltene Kanäle aus dem „Landprogramm" (vagabundierendes Vermögen) bestehen bleiben dürfte.

4.2.4.3 Korrektur der DM - Eröffnungsbilanz

Diese fehlerbehafteten Verfahren mögen der Vielzahl der zu bewertenden Anlagen, der knapp bemessenen Zeit und den Umständen, insbesondere aber auch einer Vielzahl von Unklarheiten und Unsicherheiten nach der Wende, geschuldet sein. Jedenfalls ergibt der jetzige Befund, dass die in der DM-Eröffnungsbilanz angesetzten Werte in einer Vielzahl von Fällen auf Fehleinschätzungen beruhten und dringend korrekturbedürftig waren. Diesem Umstand hat der Gesetzgeber in § 36 DMBilG Rechnung getragen, wonach eine Berichtigung der DM-Eröffnungsbilanz anhand der Jahresabschlüsse der folgenden Jahre, spätestens zum Abschluß des Geschäftsjahres 1994, möglich war. Zumindest in den hier bekannten Fällen wurde wohl wegen des mit der Überprüfung der Wertansätze und Ermittlung exakter Bewertungsfaktoren verbundenen Aufwandes von dieser Möglichkeit nicht im erforderlichen Umfang Gebrauch gemacht. Vielmehr wurden die fehlerhaften Werte der DM-Eröffnungsbilanz in Folgebilanzen übernommen.

4.2.4.4 Übernahme der Bilanzwerte in den Entflechtungsverträgen

Wie oben ausgeführt, wurden bei der Entflechtung der WAB- Kapitalgesellschaften die auf den Wertansätzen der DM- Eröffnungsbilanz beruhenden Folgebilanzen zur Grundlage der Entflechtungsverträge und der Berechnung von Ausgleichsverbindlichkeiten gemacht; d.h. aus der Bilanz der WAB- Kapitalgesellschaften wurden Teilbilanzen für die Vermögensgegenstände und Schulden der übernehmenden Kommunen abgeleitet. Trotz der offensichtlichen Mängel wurden durch die beauftragten Wirtschaftsprüfer soweit ersichtlich keine weiteren Nachforschungen hinsichtlich der in den Anlageverzeichnissen enthaltenen Werte angestellt.

Oftmals ist im Entflechtungsvertrag auch lediglich die Prüfung der ordnungsgemäßen Ableitung der Teilbilanz aus dem Jahresabschluß durch einen Wirtschaftsprüfer zugesichert, was aber in Anbetracht der aufgezeigten Unsicherheiten bei der Bewertung des Anlagevermögen der DM-Eröffnungsbilanz der WAB Kapitalgesellschaft völlig unzureichend war. Schon weil die Übernehmer infolge der Entflechtung auch die anteiligen Verbindlichkeiten mit übernommen haben, hätten sie bei Abschluß des Vertrages Gewißheit darüber haben müssen, dass die in der Übertragungsbilanz ausgewiesenen Vermögensgegenstände mit dem bilanzierten Wert tatsächlich vorhanden sind.

4.2.4.5 Auswirkungen der fehlerhaften Bewertung bei den Kommunen

Nach einer Untersuchung der Abwassertechnischen Vereinigung sind in den neuen Bundesländern 40% der vorhandenen Kanalisation schadhaft, wobei der durchschnittliche Sanierungsaufwand 890,- DM pro Kanalmeter beträgt. Ursache für die zahlreichen Schäden ist die zu lange Nutzung der Anlagen bei gleichzeitig unterlassenen Reparaturen und Sanierungen.

Der Zustand der Vermögensgegenstände wurde aber weder entsprechend § 10 Abs. 1 S. 2 DMBilG bei den Wertansätzen des Anlagevermögens, die aus den WAB-Listen stammen, berücksichtigt noch wurden statt dessen entsprechende Rückstellungen gebildet. Die angesetzten Aktiva erwecken vielmehr den Eindruck, als ob die Kanalisation in vollem Umfang mängelfrei ist. Bei einer körperlichen Bestandsaufnahme wäre der tatsächliche

Zustand der Kanalisation sichtbar geworden und hätte damit Berücksichtigung bei der Bewertung der Aktivposten gefunden.

Die Auswirkungen dieser Verfahrensweise werden an folgendem Beispiel sichtbar:

Beispiel
Einem Abwasserzweckverband wurde laut Übergabebilanz durch den Entflechtungsvertrag ein Anlagevermögen von 6 Mio. DM übertragen, das aus 50 km Kanalnetz besteht. Da nach den Feststellungen der ATV 40 % des Kanalnetzes tatsächlich mit einem Sanierungsaufwand von 890,- DM pro Kanalmeter belastet sind, der weder bei den Wertansätzen noch durch Rückstellungen in der Bilanz beachtet wurde, ergibt sich ein nicht bilanzmäßig erfaßter Sanierungsaufwand in Höhe von 17,8 Mio. DM. Obwohl die Passiva den ausgewiesenen Wert des Anlagevermögens in Wirklichkeit fast um das Dreifache übersteigen, ergibt sich nach der Übergabebilanz, die dem Entflechtungsvertrag zugrunde lag, noch eine Ausgleichverbindlichkeit.

Zusammenfassend gelangt man zu der Erkenntnis, dass die Ergebnisse der Übergabebilanzen in mehrfacher Hinsicht unrichtig sind. Die Überbewertungen zieht die Nichtigkeit der Bilanzen nach sich (vgl. § 256 AktG). Da diese im vorliegenden Fall hinsichtlich der Aktiva **und** der Passiva festzustellen ist, kann von der Unwirksamkeit der Übergabebilanzen ausgegangen werden. Der reale Wert des durch die Gemeinden und Zweckverbände mittels der Entflechtungsverträge übernommenen Vermögens weicht ohne Zweifel von den Bilanzergebnissen der Übergabebilanzen nachteilig ab. Da die Übergabebilanzen Grundlage der Entflechtungsverträge waren und die WAB- Anlageverzeichnisse größtenteils noch heute Basis der Rechnungsführung bei den Aufgabenträgern sind, stellt sich die Frage nach weiteren Rechtsfolgen und möglichen Schadenersatzansprüchen.

4.2.5 Auswirkungen und Rechtsfolgen

4.2.5.1 Auswirkungen auf Gebühren- und Beitragszahler und die Gültigkeit von Abgabesatzungen

Den Entgeltkalkulationen zur Finanzierung der Abwasserbeseitigung und Wasserversorgung liegen meist die Anlageverzeichnisse der ehemaligen VEB WAB bzw. die Werte der Übergabebilanzen der Entflechtungsverträge zugrunde. Es bleibt damit zu untersuchen, inwieweit die Verwendung dieser fehlerhaften Grundlagen die Rechtmäßigkeit der Abgabesatzungen und die Belastung der Gebühren- und Beitragspflichtigen beeinflußt. Dargestellt werden soll dies am sächsischen Kommunalabgabenrecht.

4.2.5.1.1 Beiträge für leitungsgebundene Einrichtungen

Gemäß § 17 Abs. 3 SächsKAG sind die Wiederbeschaffungszeitwerte der insgesamt erforderlichen Anlagen, also auch der Altanlagen, in die Beitragskalkulation (Globalberechnung) kostenseitig einzustellen.

Wiederbeschaffungszeitwerte der vorhandenen Anlagen sind weder direkt aus den WAB- Verzeichnissen entnehmbar, noch können sie aus den dort aufgeführten Herstellungskosten ermittelt werden, da diese nach der Intention des DMBilG Zeitwerte zum Stichtag 01.07.1990 sind. Abgesehen davon sind die WAB-Listen aus den bereits ausführlich erläuterten Gründen der Nachvollziehbarkeit, Vollständigkeit und Wahrheit nicht als ordnungsgemäße Grundlage für Entgeltkalkulationen geeignet.

Die auf der Kostenseite der Globalberechnungen ermittelten Wiederbeschaffungszeitwerte sind also aufgrund völlig unzulänglicher Anlagedaten ermittelt, berücksichtigen u.a. in den WAB-Listen aufgeführte Kanäle, die nicht lokalisierbar sind und vernachlässigen andererseits Wiederbeschaffungszeitwerte für nicht in den WAB-Listen verzeichnete Vermögensgegenstände aus dem „Landprogramm„ der DDR.

Es ist jedenfalls zu befürchten, dass die Kostenseite der Beitragskalkulationen, damit der höchstzulässige Beitragssatz und die Festsetzung des angemessenen Beitragssatzes in den Abgabesatzungen fehlerhaft sind. Durch den auf falschen Kostenfaktoren fußenden höchstzulässigen Beitragssatz ist eine rechtmäßige Ausübung des durch den Gesetzgeber eingeräumten Ermessens über den angemessenen Beitragssatz überhaupt nicht möglich.

Weil die Festsetzung des Abgabesatzes ein wesentlicher Bestandteil der Satzung ist, sind die Beitragssatzungen rechtswidrig, was deren Nichtigkeit indiziert.

Zu beachten ist hierbei, dass sich nach ordnungsgemäßer Ermittlung der Wiederbeschaffungszeitwerte nicht zwangsläufig eine deutlich geringere Beitragsbelastung ergeben muß.

4.2.5.1.2 Gebühren für leitungsgebundene Einrichtungen

Gebührenseitig kommt ordnungsgemäßen Anlagewerten eine noch größere Bedeutung zu, da auf ihrer Grundlage die kalkulatorischen Kosten (Verzinsung und Abschreibung), welche die Gebührenhöhe ganz wesentlich bestimmen, ermittelt werden.

Gemäß § 12 Abs. 1 SächsKAG werden bei der Verzinsung des Anlagekapitals nach der Restwertmethode die Restbuchwerte zugrunde gelegt, andernfalls konstante Annuitätsraten des Anlagekapitals verzinst (Durchschnittswertmethode).

Bei der Bemessung der Abschreibungen besteht gemäß § 13 Abs. 1 SächsKAG ein Wahlrecht zwischen der Zugrundelegung der Wiederbeschaffungszeitwerte oder der Anschaffungs- und Herstellungskosten.[107]

Wie bereits aufgezeigt wurde, enthalten die Anlagenachweise der WAB, welche in der kommunalen Praxis zumeist für Gebührenkalkulationen verwendet werden, jedoch zum Teil deutlich überhöhte Restbuchwerte für bereits wirtschaftlich verbrauchte Vermögensgegenstände sowie Anlagewerte für technisch veraltete und unbrauchbare Vermögensgegenstände, die der zu refinanzierenden Aufgabe gar nicht (mehr) dienen können. Die Bewertung der Vermögensgegenstände erfolgte überdies unter Vernachlässigung des Sanierungsaufwandes.

Der Wert des Vermögens der Gemeinde bzw. des Zweckverbandes ist demzufolge tatsächlich wesentlich geringer als ihn die bisher verwendeten Anlagewerte darstellen. Dadurch ist bedingt, dass die in den Kalkulationen durch Verzinsung und Abschreibung wesentlich beeinflußten und in den Gebührensatzungen festgesetzten Gebühren den Kostendeckungsgrundsatz des § 10 SächsKAG zweifelsohne verletzen, folglich rechtswidrig und nichtig sind.

Es ist erkennbar, dass sich bei rechtmäßiger Gebührenermittlung anhand der tatsächlich der Aufgabenerfüllung dienenden Vermögenswerte eine wesentlich geringere Belastung der Gebührenpflichtigen ergeben würde.

---

[107] Vgl. oben Tz. 3.1.6.2.

5. Teil: Handelsrechtliche Aspekte bei der Anlagebewertung, Besonderheiten bei Eigenbetrieben der Gemeinde

5.1 Überblick über den handelsrechtlichen Vermögensnachweis

Den Kaufleuten im Sinne des Handelsrechts obliegt es, nach den Vorschriften des dritten Buchs der HGB Bücher zu führen. Aus § 238 Abs. 1 S. 1 HGB ergibt sich dabei in Entsprechung zu § 89 Abs. 3 SächsGemO, ihr Vermögen nach den Grundsätzen ordnungsgemäßer Buchführung ersichtlich zu machen. Dies hat nach § 240 Abs. 1 HGB zunächst in Form eines Inventars zu geschehen, das dem Anlagenachweis des § 38 GemHVO inhaltlich in wesentlichen Punkten entspricht. Für die Errichtung des Inventars sind neben § 240 HGB und § 241 HGB (Inventurvereinfachungsverfahren) die Bewertungsgrundsätze der §§ 252 - 256 ff. HGB zu beachten. Daneben gelten für die kaufmännische Buchführung die Grundsätze ordnungsgemäßer Buchführung (GoB).[108] Diese Bestimmungen sind durch den im Handelsrecht vorherrschenden Grundsatz der kaufmännischen Vorsicht geprägt, den das Kommunalrecht in dieser Form nicht kennt. Daraus ergeben sich materielle Abweichungen gegenüber den öffentlich-rechtlichen Bewertungsvorschriften.

---

[108] Vgl. oben Tz. 4.2.4.1.

5.2 Unmittelbare Geltung der handelsrechtlichen Bestimmungen bei Regie- und Eigenbetrieben

Die Regelungen des HGB finden auch auf die **Einrichtungen der Kommunen** unmittelbare Anwendung, die als **Kaufleute im Sinne des HGB** gelten. Nach § 1 Abs. 1 HGB ist Kaufmann, wer ein Handelsgewerbe betreibt. Nach der Neufassung des § 1 Abs. 2 HGB durch das Handelsrechtsreformgesetz vom 22.06.1998,[109] ist Handelsgewerbe **jeder Gewerbebetrieb**, es sei denn, dass das Unternehmen nach Art oder Umfang einen kaufmännisch eingerichteten Gewerbebetrieb nicht erfordert. Darüber hinaus gilt ein gewerbliches Unternehmen dann als Handelsgewerbe, wenn die Firma des Unternehmens in das **Handelsregister eingetragen** ist.

Eine allgemeine Definition des Begriffs des Gewerbebetriebs enthält § 15 Abs. 2 EStG, der wie folgt lautet:

„Eine selbständige nachhaltige Betätigung, die mit der Absicht Gewinn zu erzielen, unternommen wird und sich als Beteiligung am allgemeinen wirtschaftlichen Verkehr darstellt, ist Gewerbebetrieb, wenn die Betätigung weder als Ausübung von Land- und Forstwirtschaft noch als Ausübung eines freien Berufs noch als selbständige Arbeit anzusehen ist."

Diese Definition kann auch dem Gewerbebegriff des Handelsrechts zugrunde gelegt werden.[110] Juristische Personen des öffentlichen Rechts und damit die **Kommunen** gelten mit ihren Unternehmen **ebenfalls als Kaufleute**, wenn sie ein Gewerbe betreiben. Sie sind nur weitgehend von der Pflicht zur Eintragung ins Handelsregister befreit. Die Organisationsform ist dabei unbedeutend. Auch die **Regiebetriebe** können Kaufleute sein.

Nachdem diese Unternehmen aber im Regelfall öffentliche gemeinnützige Aufgaben erfüllen, könnte erwogen werden, für die Abgrenzung in diesem Zusammenhang auf den weiter gefaßten Begriff des **Betriebs gewerblicher Art** i.S.d. § 4 KStG abzustellen ist. Danach gelten insbesondere Be-

---

[109] BGBl. 1998 I, S. 1474.
[110] Einzelheiten zu den Begriffsmerkmalen vgl. u.a. Baumbach/Hopt, § 1 RN 1 - 5.

triebe, die der Versorgung der Bevölkerung mit Wasser, Gas, Elektrizität oder Wärme, dem öffentlichen Verkehr oder dem Hafenbetrieb dienen als gewerbliche Unternehmen, nicht hingegen Hoheitsbetriebe. Die Absicht Gewinne zu erzielen und die Beteiligung am allgemeinen wirtschaftlichen Verkehr wäre dann aber nicht erforderlich (§ 4 Abs. 1 S. 2 KStG). Nachdem das Handelsrecht gerade wegen der besonderen Bedürfnisse des Handelsverkehrs geschaffen wurde, macht seine Anwendung nur dann Sinn, soweit eine **Beteiligung am wirtschaftlichen Verkehr** überhaupt gewollt ist.

Bei der Frage der **Gewinnerzielungsabsicht** ist dagegen zu differenzieren. Dies hängt damit zusammen, dass der Gewinnbegriff bei öffentlichen Unternehmen nur unscharfe Konturen hat. Wie bereits oben aufgezeigt,[111] führt der Ansatz von Wiederbeschaffungszeitwerten zwar betriebswirtschaftlich und kommunalabgabenrechtlich zu **Kosten**, nicht aber zu steuerlich abzugsfähigen **Betriebsausgaben**. Auch handelsrechtlich stellt die Abschreibung aus Wiederbeschaffungszeitwerten keinen **Aufwand** dar. Gleiches gilt für die Verzinsung des Eigenkapitals. Ob ein „Gewinn" angestrebt oder erzielt wird, hängt deshalb maßgeblich davon ab, welcher „Kostenbegriff" der Gewinnermittlung zugrunde gelegt wird. Nach der Rechtsprechung soll es deshalb genügen, wenn das öffentliche Unternehmen **nach betriebswirtschaftlichen Grundsätzen** geführt wird, die Absicht der Erzielung eines wenngleich **bescheidenen wirtschaftlichen Erfolges** oder auch der bloßen **marktüblichen Verzinsung des investierten Kapitals**.[112] Allerdings ist eine Beurteilung anhand der konkreten Umstände des Einzelfalls erforderlich, bei der auch die Verkehrsanschauung, das Auftreten nach außen oder der Wettbewerb mit Privaten in Betracht zu ziehen ist.

Im Ergebnis kann somit jedenfalls festgehalten werden, dass ein Betrieb gewerblicher Art auch nach neuem Handelsrecht nicht automatisch die Voraussetzungen als Kaufmann i.S.d. § 1 Abs. 1 HGB erfüllen und damit den handelsrechtlichen Aufzeichnungs- und Bewertungsvorschriften unterliegt. Hinzukommen müssen vielmehr die weiteren Begriffsmerkmale der Gewinnerzielungsabsicht und die Beteiligung am allgemeinen wirtschaftlichen Verkehr, wenn auch in modifizierter Form. In der überwiegenden Zahl der Fälle wird durch die Trennlinie zwischen **wirtschaftlichen und nichtwirtschaftlichen Unternehmen**[113] auch die Frage beant-

---

[111] Vgl. Tz. 3.1.8.
[112] Vgl. Baumbach/Hopt, § 1 RN 24.
[113] Vgl. oben Tz. 1.1.4.

wortet sein, ob ein kommunales Unternehmen Kaufmann i.S.d. § 1 Abs. 1 HGB ist und damit die Anlagebuchführung am Handelsrecht auszurichten ist.

5.3 Geltung des Handelsrecht für Eigenbetriebe aufgrund der SächsEigBVO

5.3.1 Abgrenzung der Eigenbetriebe zum Regiebetrieb

Die Kommunen haben als Ausfluß der aus dem Selbstverwaltungsrecht (Art. 28 Abs. 2 GG) abgeleiteten **Organisations- und Kooperationshoheit**[114] die grundsätzliche Befugnis, ihre Aufgaben nach ihrem Ermessen in einer der verschiedenen von der Rechtsordnung zur Verfügung gestellten Rechtsformen wahrzunehmen, und zwar unabhängig davon, ob die gewählte Organisationsform dem öffentlichen oder dem privaten Recht angehört.[115] Die landesgesetzliche Umsetzung dieser Befugnis erfolgte in Sachsen in § 95 SächsGemO, die den Gemeinden überdies die Befugnis verleiht, ihre Aufgaben in einer besonderen Organisationsform des öffentlichen Rechts, nämlich dem **Eigenbetrieb**, zu erledigen.

Nach § 1 SächsEigBG können die Kommunen wirtschaftliche Unternehmen und kostenrechnende Einrichtungen als Eigenbetrieb führen, wenn deren Bedeutung dies rechtfertigt. Nach § 58 Abs. 2 SächsKomZG i.V.m. § 19 SächsEigBG kann die Verbandssatzung eines **Zweckverbandes**, dessen Hauptzweck der Betrieb eines Unternehmens oder einer Einrichtung i.S.d. § 1 SächsEigBG ist bestimmen, dass „die für den Eigenbetrieb geltenden Vorschriften unmittelbar Anwendung finden", d.h. dass der Zweckverband als Eigenbetrieb geführt werden kann.

Die Einrichtung eines Eigenbetriebs führt - anders als bei der Errichtung von Eigengesellschaften (insbesondere GmbH, Aktiengesellschaft) - zwar nicht zum Entstehen einer juristischen Person mit eigener Rechtspersönlichkeit. Der Eigenbetrieb bleibt vielmehr **rechtlich unselbständiger Teil** der Gebietskörperschaft.

Allerdings tritt eine haushaltsrechtliche und organisatorische Verselbständigung ein. Das „Unternehmen" wird aus der Ämterstruktur und dem Haushaltsplan ausgegliedert. Sein Vermögen ist nach § 97 Abs. 1 Nr. 1 SächsGemO als Sondervermögen zu führen. Diese Konstruktion soll es den Kommunen ermöglichen, die Aufgaben, die eine der Erwerbswirtschaft ähnliche Betriebsführung erfordern, in einer den privatrechtlichen Unter-

---

[114] Vgl. Gern, RN. 184.
[115] Schaudigel, S.36 m.w.N.

nehmen vergleichbaren Form zu betreiben, ohne den öffentlich-rechtlichen Charakter und damit die unmittelbaren Bindungen an kommunale Entscheidungsträger abzustreifen.

Die weitgehende Angleichung des Rechnungswesens an die **kaufmännische Buchführung** hat naturgemäß auch Einfluß auf den Vermögensnachweis und damit auf die Anlagebuchführung.

5.3.2 Geltung der handelsrechtlichen Bestimmungen

Soweit Eigenbetriebe einen **Gewerbebetrieb** führen, gelten sie in gleicher Weise wie Regiebetriebe als Kaufmann i.S.d. § 1 Abs. 1 HGB, mit der Folge, dass die handelsrechtlichen Buchführungsvorschriften unmittelbar anzuwenden sind (siehe oben Tz. 5.3). Die landesrechtlichen Bestimmungen der SächsEigBVO (dazu sogleich) gelten wegen der Gesetzgebungsbefugnis des Bundes über das Handelsrecht (Art. 74 Nr. 11 GG) nur subsidiär.[116]

Soweit Eigenbetriebe **keinen Gewerbebetrieb** führen, ergibt sich aus § 17 Abs. 1 SächsEigBG die Verpflichtung, für jedes Wirtschaftsjahr einen aus der **Bilanz**, der Gewinn- und Verlustrechnung und dem Anhang bestehenden Jahresabschluß zu erstellen. Die Einzelheiten über die Buchführung, die Kostenrechnung und des Jahresabschlusses sind auf der Grundlage der Ermächtigung des § 22 Nr. 4 und 5 SächsEigBG durch die SächsEigBVO geregelt. Danach führen Eigenbetriebe ihre Rechnung nach den Regeln der **kaufmännischen doppelten Buchführung** oder einer entsprechenden Verwaltungsbuchführung (§ 6 Abs. 2 SächsEigBVO), wobei die Vorschriften des Dritten Buches des HGB, also die §§ 238 ff. Anwendung finden, sofern sie nicht bereits unmittelbar gelten (weil der Eigenbetrieb Kaufmann i.S.d. § 1 Abs. 1 HGB ist, siehe oben Tz. 5.3).

5.3.3 Sondervorschriften über die Führung des Anlagenachweises bei Eigenbetrieben

Das **Handelsrecht** enthält zwar Vorschriften darüber, wonach das Sachanlagevermögen im Rahmen einer Inventur aufzuzeichnen ist. Die Inventurgrundsätze enthalten zwar eine Reihe formaler und materieller Vor-

---

[116] Vgl. auch Zeiß, Seite 312.

schriften für die Erstellung des Inventars (u.a. Vollständigkeit, Klarheit, Einzelerfassung und Einzelbewertung).[117] An eine bestimmte Form, wie sie das Gemeindewirtschaftsrecht kennt,[118] ist der Kaufmann jedoch nicht gebunden. Auch die Überleitung auf die Bilanzpositionen[119] ist nicht formalisiert.

Dem gegenüber ist nach § 10 Abs. 2 SächsEigBVO dem Anhang zur Bilanz des Eigenbetriebs ein Anlagenachweis über die Entwicklung der einzelnen Positionen des Anlagevermögens entsprechend des in Anl. 7 SächsEigBVO vorgegebenen Formblatts beizugeben.[120] Die Anlagenachweise von Eigenbetrieben, die einen Versorgungs- und Verkehrsbetrieb zum Gegenstand haben, sind nach der Gliederung in Anl. 8 vorzunehmen.[121]

Im **Gegensatz** zu der Bestimmung des **Gemeindewirtschaftsrecht** (§ 38 Abs. 1 GemHVO) sind nach § 10 Abs. 2 SächsEigBVO im Anlagenachweis nicht nur die Gegenstände des Sachvermögens, sondern **auch die Finanzanlagen** nachzuweisen (zur Abgrenzung vgl. oben Tz.1.1.4).

---

[117] Vgl. Budde/Kunz, Bilanzkommentar, § 240 RN 17.
[118] Siehe oben Tz 1.2 und Anhang 3.
[119] In der Regel im sogenannten Anhängeverfahren, vgl. Budde/Kunz, Bilanzkommentar, § 240 RN 52.
[120] Abgedruckt in Anhang 5.
[121] Abgedruckt in Anhang 6.

5.4 Allgemeine handelsrechtliche Bewertungsgrundsätze

Das Gemeindewirtschaftsrecht enthält in erster Linie Vorschriften, die der Erhaltung des Gemeindevermögens dienen. Demgegenüber hat das Handelsrecht weniger den Schutz des Kaufmanns als vielmehr den **Schutz des Handelsverkehrs und den Gläubigerschutz** im Auge. Dies findet insbesondere im **Grundsatz der Vorsicht** (Imparitätsprinzip und Realisationsprinzip, Einzelheiten sogleich) seinen Ausdruck und schlägt sich folgerichtig auch in den Vorschriften über die Bewertung des Vermögens (Dritter Titel des Dritten Buchs, § 252 ff HGB) nieder.

Andererseits ist im Handelsrecht vom **Aufwandsbegriff** und **nicht vom betriebswirtschaftlichen Kostenverständnis** auszugehen. Von den kalkulatorischen Kosten kommen deshalb nur die sogenannten „Anderskosten" (also insbesondere Abschreibungen)[122] zum Ansatz.

Die allgemeinen Bewertungsgrundsätze für die Bewertung der im Jahresabschluß ausgewiesenen Vermögensgegenstände und Schulden sind in § 252 Abs. 1 HGB niedergelegt. Von ihnen darf nur in begründeten Ausnahmefällen abgewichen werden (§ 252 Abs. 2 HGB). Im einzelnen kennt § 252 Abs. 1 HGB folgende Grundsätze:

5.4.1 Der Grundsatz der Bilanzidentität (§ 252 Abs. 1 Nr. 1 HGB)

Dieser Grundsatz meint, dass alle Wertansätze der Vermögensgegenstände, Schulden und Rechnungsabgrenzungsposten aus der Schlußbilanz des Unternehmens des letzten Geschäftsjahres in die Konten des neuen Geschäftsjahres übertragen werden müssen. Neubewertungen innerhalb eines Bilanzpostens und Umgliederungen zwischen Schluß- und Anfangsbilanz sind während des Übertrags dieser Wertansätze nicht gestattet. Soweit solche Wertberichtigungen erforderlich erscheinen, sind sie im neuen Geschäftsjahr abzuwickeln (z.B. Sonderabschreibungen). Erweist sich ein Ansatz in der Schlußbilanz als unrichtig, ist ggf. eine Berichtigung dieser Bilanz vorzunehmen.

---

[122] Vgl. oben Tz. 3.1.1.

5.4.2 Der Grundsatz der Unternehmensfortführung (§ 252 Abs. 1 Nr. 2 HGB)

Bei der Bewertung der Vermögenswerte, Schulden und Rechnungsabgrenzungsposten ist von der Unternehmensfortführung unter Beachtung von entgegenstehenden tatsächlichen und rechtlichen Gegebenheiten auszugehen (**going- concern- Prinzip**). Danach hat die Bewertung von Vermögensgegenständen auf der Basis der historischen Anschaffungs- und Herstellungskosten (§ 253 Abs. 1 HGB) abzüglich der planmäßigen Abschreibungen zu erfolgen.[123] Der Ansatz von **Wiederbeschaffungszeitwerten**, wie sie das Abgabenrecht zuläßt, ist **handelsrechtlich nicht zulässig**.

Nur sofern die **Fortführungsprognose** aus tatsächlichen oder rechtlichen Gegebenheiten **negativ** ausfällt, ist der **Zerschlagungswert** anzusetzen. Da bei den meisten Eigenbetrieben der Betriebszweck auf Dauer angelegt ist, kann generell von einer Fortführungsabsicht des Unternehmens ausgegangen werden.[124]

5.4.3 Der Grundsatz der Einzelbewertung (§ 252 Abs. 1 Nr. 3 HGB)

Die Vermögensgegenstände und Schulden sind zum Abschlußstichtag einzeln zu bewerten. Die Verrechnung einzelner Wertansätze ist nicht zulässig. Diese Bestimmung steht in unmittelbarem Zusammenhang mit dem aus § 240 Abs. 1 HGB abgeleiteten Inventurgrundsatz der **Einzelerfassung und Einzelbewertung**. Nach § 240 Abs. 3 und 4 HGB ist zwar ausnahmsweise eine Bewertung im Festwertverfahren oder im Wege der Gruppenbewertung (unten Tz. 5.5.2.2) zulässig. Im Unterschied zum Gemeindewirtschaftsrecht beschränkt sich die Möglichkeit der Gruppenbewertung jedoch auf gleichartige Vermögensgegenstände des Vorratsvermögens. Eine **Gruppenbewertung** wie sie § 38 Abs. 2 GemHVO zuläßt, ist **handelsrechtlich damit nicht erlaubt**.

---

[123] Budde/ Geißler, Bilanzkommentar § 252 RN 17.
[124] Beispielsweise Eigenbetrieb der Wasserversorgung. Dieser Aufgabe kann sich die Gemeinde wegen § 57 Abs. 1 Satz 1 SächsWG nicht entziehen. Die Fortführungsabsicht des Unternehmens ist hier auch bei Verlustsituationen im Eigenbetrieb anzunehmen.

5.4.4 Der Grundsatz der Vorsicht (§ 252 Abs. 1 Nr. 4 HGB)

Danach hat die Bewertung vorsichtig und unter Berücksichtigung aller vorhersehbaren Risiken und Verluste zum Abschlußstichtag (Imparitätsprinzip) zu erfolgen. Der Grundsatz der Vorsicht gilt vor allem bei der Bewertung von Forderungen. Gewinne finden in der Bewertung nur ihren Niederschlag, wenn sie zum Abschlußstichtag realisiert sind (Realisationsprinzip, § 252 Abs. 1 Nr. 4, 1. Halbsatz).

Werden Risiken oder Verluste erst zwischen Abschlußstichtag und dem Tag der Aufstellung der Jahresrechnung bekannt, sind sie ebenfalls bei der Bewertung zu berücksichtigen (sogenannte **wertaufhellende Tatsachen**).

5.4.5 Der Grundsatz der Periodenabgrenzung (§ 252 Abs. 1 Nr. 5 HGB)

Dieser Grundsatz bedeutet, dass Aufwendungen und Erträge des Geschäftsjahres unabhängig von den Zeitpunkten der entsprechenden Zahlungen im Jahresabschluß zu berücksichtigen sind. Es gilt also **nicht** das im Haushaltsrecht vorherrschende **Kassenwirksamkeitsprinzip** (vgl. § 7 Abs. 1 GemHVO). Abzustellen ist vielmehr auf den Zeitraum oder Zeitpunkt der **wirtschaftlichen Verursachung**.[125]

5.4.6 Der Grundsatz der Bewertungsstetigkeit (§ 252 Abs. 1 Nr. 6 HGB)

Der Grundsatz der Bewertungsstetigkeit verpflichtet dazu, von Jahr zu Jahr grundsätzlich die **gleiche Bewertungsmethoden** anzuwenden (Sollvorschrift).[126] Damit soll die Vergleichbarkeit und Transparenz des Jahresabschlusses sowie ein reales Bild der Ertragslage gewährleistet[127] und einer willkürlichen Gewinn- und Verlustverlagerung durch Wechsel der Bewertungsmethode vorgebeugt werden. Dieser Grundsatz ist aus Gründen des Äquivalenzprinzips auch im Gemeindewirtschaftsrecht zu beachten.

---

[125] Budde/Geißler, Bilanzkommentar, § 252 RN 52.

[126] Diese Soll- Vorschrift ist als gebundene gesetzliche Regelung zu sehen, wenn sich die Geschäftslage von einem Jahresabschluß zum anderen nicht ändert. Vgl. auch Zeiß, S. 324.

[127] Vgl. auch § 264 Abs. 2 HGB.

5.5 Besondere Bewertungsgrundsätze

5.5.1 Bewertung des Anlagevermögens

Nach § 253 Abs. 2 HGB ist das Anlagevermögen **grundsätzlich** nach den Anschaffungs- oder Herstellungskosten zu bewerten. Der Begriff der Anschaffungs- und Herstellungskosten ist in § 255 HGB gesetzlich definiert. Die Vorschrift **entspricht** inhaltlich im wesentlichen dem **Gemeindewirtschafts- und Kommunalabgabenrechtsverständnis**. Insoweit kann auf die Ausführung in Tz. 3.1.3.2 verwiesen werden.

Eine Abweichung gilt allerdings für die Berechnung der **Bauzeitzinsen**. Nachdem das HGB vom Aufwands- und nicht vom Kostenbegriff ausgeht, sind Bauzeitzinsen nur aus den **Fremdkapitalzinsen**, nicht aber aus der kalkulatorischen Eigenkapitalverzinsung zu berechnen.[128]

Die abnutzbaren Vermögensgegenstände des Anlagevermögens sind dabei um die **planmäßigen Abschreibungen** zu vermindern (§ 253 Abs. 2), wobei im wesentlichen die in Tz. 3.1.3. dargelegten Grundsätze zu beachten sind. Ist der Wert, der dem jeweiligen Wirtschaftsgut beizumessen ist, geringer als die Anschaffungs- oder Herstellungskosten verringert um die Abschreibungen, so können **außerplanmäßige Abschreibungen** (Sonderabschreibungen) vorgenommen werden, wenn es sich vermutlich um eine dauernde Wertminderung handelt (§ 253 Abs. 2 Satz 3 HGB).

Dies gilt allerdings nur für das Sachanlagevermögen. Bei **Finanzanlagen** ist keine dauernde Wertminderung erforderlich (§ 279 Abs. 1 Satz 2 HGB). Bestehen die Gründe für den Ansatz dieses niedrigeren Wertes nicht mehr, so ist diese Vorgehensweise aufzugeben (§ 280 Abs. 1 HGB). Dieses **Wertaufholungsgebot** wird durch § 280 Abs. 1 HGB neutralisiert.

5.5.2 Besonderheit bei der Behandlung von Zuschüssen

Nach der Vorschrift des § 13 Abs. 1 S. 2 SächsKAG sind Zuweisungen und Zuschüsse, die zur Bildung von Eigenkapital gewährt werden (Kapitalzuschüsse) nicht von den Anschaffungs- oder Herstellungskosten abzusetzen bzw. zu passivieren und aufzulösen. Soweit die Gemeinde die ko-

---

[128] Vgl. auch Ellrott/ Schmidt- Wendt, Bilanzkommentar, § 255 RN 500 f.

stenrechnende Einrichtung als **ROegiebetrieb** betreibt, ist die buchmäßige Erfassung **unproblematisch**. Die Zuwendungen werden als Einnahme im Vermögenshaushalt gebucht und haben im weiteren nur Auswirkungen auf die Kapitalverzinsung, da sie das anzusetzende Anlagekapital mindern.

Damit stellt sich die Frage, wie diese Zuwendungen **bilanzmäßig** zu behandeln sind. Die Terminologie des Handels- und des Steuerrechts stimmt insoweit nicht mit der des Abgaben- und Eigenbetriebsrechts überein. Vielmehr wird nach Zuwendungen zu Investitionen (Investitionszuschüsse), Zuwendungen zu Aufwendungen oder Erträgen (Aufwandszuschüsse, Ertragszuschüsse) und unbedingt rückzahlbaren Zuwendungen unterschieden.[129] Der Begriff des Kapitalzuschusses ist dem Handelsrecht dagegen nicht geläufig.

Unbedingt rückzahlbare Zuwendungen sind als **Darlehen** anzusehen und damit als sonstige Verbindlichkeiten auf der Passivseite (Bilanzposition C. 8.,[130] bei Eigenbetrieben Formblatt 4, Bilanzposition E 9.[131]) zu buchen.

Nicht rückzahlbare Zuwendungen **zu Investitionen sowie Aufwands- und Ertragszuschüsse** können nach den Bestimmungen des Handelsrechts entweder von den Anschaffungs- oder Herstellungskosten abgesetzt werden oder sofort erfolgswirksam in der Gewinn- und Verlustrechnung vereinnahmt werden,[132] was zu einer Erhöhung des Eigenkapitals führt. Nachdem jedoch keine Pflicht zur sofortigen Gewinnrealisierung besteht, kann für die Zuwendung statt dessen auf der Passivseite ein Sonderposten i.S.d. § 265 Abs. 5 S.2 HGB eingefügt werden. Der Betrag ist dann jährlich ertragswirksam aufzulösen.[133]

§ 8 Abs. 3 der SächsEigBVO dagegen unterscheidet wie im Abgabenrecht zwischen Ertrags- und Kapitalzuschüssen.

Ertragszuschüsse können danach, wie es auch § 13 Abs. 1 SächsKAG für das Abgabenrecht zuläßt, entweder direkt von den Anschaffungs- oder Herstellungskosten der bezuschußten Anlage abgezogen werden oder auf

---

[129] Vgl. Ellrott/Schmidt-Wendt; Bilanzkommentar. § 255 RN 115.
[130] Vgl. § 266 Abs. 3 HGB.
[131] Abgedruckt in Anhang 7.
[132] Vgl. Ellrott/Schmidt-Wendt; Bilanzkommentar. § 255 RN 115.
[133] Vgl. auch IDW- Stellungnahme HFA 1/1984 (Fachgutachten und Stellungnahmen des Institutes der Wirtschaftsprüfer (IDW) auf dem Gebiet der Rechnungslegung und Prüfung).

der Passivseite unter Bilanzposition C (Empfangene Ertragszuschüsse) angesetzt und aufgelöst werden. Der Auflösungsbetrag ist in der Gewinn- und Verlustrechnung als Umsatzerlöse zu vereinnahmen (vgl. Formblatt 5, Fußnote[134]). Eine sofortige ertragswirksame Vereinnahmung wie im Handelsrecht ist hingegen nicht zulässig.

Kapitalzuschüsse der öffentlichen Hand sind hingegen dem Eigenkapital zuzuführen. Das Eigenkapital gliedert sich nach Formblatt 4 in

I. Stammkapital
II. Rücklagen
III. Gewinn/Verlust.

Wird die Zuwendung daher nicht unmittelbar dem Eigenbetrieb, sondern der Gemeinde zur Weiterleitung an den Eigenbetrieb gewährt, dann besteht entweder die Möglichkeit, dem Eigenbetrieb den Betrag durch Erhöhung des Stammkapitals zukommen zu lassen. Dazu wäre allerdings im Hinblick auf § 12 Abs. 2 SächsEigBG eine Änderung der Betriebssatzung erforderlich, in der die Höhe des Stammkapitals festgelegt ist. Andernfalls ist der Kapitalzuschuß als **Ertrag** in der Gewinn- und Verlustrechnung zu buchen und erhöht damit ebenfalls das Eigenkapital.

5.5.3 Bewertung des Umlaufvermögens

5.5.3.1 Bewertungsgrundsätze

Nachdem auf der Aktivseite der Bilanz das gesamte Vermögen entsprechend seiner Verwendung darzustellen ist, ist im Gegensatz zum Regiebetrieb auch das **Umlaufvermögen vollständig zu erfassen**. Zum Umlaufvermögen gehört nach Anlage 4 der SächsEigBVO bei Eigenbetrieben Vorräte, Forderungen und sonstige Vermögensgegenstände, Wertpapiere soweit sie nicht Finanzanlagen sind,[135] sowie Schecks, der Kassenbestand und Bankguthaben. Ein Anlagenachweis ist hierüber nicht zu führen. Allerdings sind sie Gegenstand der Inventur und bedürfen daher ebenfalls einer Aufzeichnung und Bewertung.

---

[134] Abgedruckt in Anhang 8.
[135] Vgl. oben Tz. 1.1.3.2 lit. a).

Nach § 253 Abs. 3 HGB gilt für Vermögensgegenstände des Umlaufvermögens das Niederstwertprinzip, d.h. für die Bewertung ist der **niedrigsten Wert** der sich aus einem Börsen- oder Marktpreis zum Abschlußstichtag ergibt. Ist dieser nicht festzustellen und übersteigt der Wert die Anschaffungs- oder Herstellungskosten, so sind diese anzusetzen. Der so angenommene niedrigste Wert kann für Zwecke der Steuern vom Einkommen und vom Ertrag unterschritten werden, wenn ein niedrigerer Wert zulässig ist (§ 279 Abs. 2 i.V.m. § 254 Satz 1 HGB). Abschreibungen für Anlagegüter des Umlaufvermögens sind zu berechnen, um Schwankungen in den Wertansätzen in der Zukunft zu vermeiden.[136]

5.5.3.2 Bewertungsvereinfachung[137]

Die genaue Ermittlung der Anschaffungs- oder Herstellungskosten ist nur bei hohen Einzelwerten oder geringen Beständen, also typischerweise bei den Gütern des Anlagevermögens sinnvoll. In anderen Fällen können zur Vereinfachung der Wertermittlung auch folgende anerkannten Bewertungsverfahren herangezogen werden:

a) Die Durchschnittsbewertung[138]

Hierbei wird aus dem Anfangsstand und den Zugängen im Laufe des Geschäftsjahres ein gewogener Durchschnittspreis ermittelt. Hieraus werden sowohl Abgänge wie auch Endstände bewertet. Diese Bewertungsmethode ist im Besonderen bei **Vermögensgegenständen des Vorratsvermögens**, welche im Verkehr nach Maß, Zahl oder Gewicht bestimmt werden und deren Anschaffungs- oder Herstellungskosten wegen Schwankungen der Einstandspreise im Laufe des Wirtschaftsjahres im einzelnen nicht mehr einwandfrei feststellbar sind, geeignet.

Die Durchschnittsbewertung ist steuerlich anerkannt.

b) Das Lifo- Verfahren

Nach § 256 HGB kann für den Wertansatz **gleichartiger Vermögensgegenstände des Vorratsvermögens** unterstellt werden, dass die zuerst oder

---

[136] § 253 Abs. 3 Satz 3 HGB. Das Niederstwertprinzip als Ausfluß aus den Grundsätzen der ordnungsgemäßen Buchführung (§ 5 EStG) wird somit durchbrochen. Diese Abschreibungen gelten nicht für die Steuerbilanz.

[137] Vgl. Friedrich Zeiß, S. 327 ff.

[138] Vgl. Abschnitt 36 Abs. 3 EStR 1996.

die zuletzt angeschafften oder hergestellten Wirtschaftsgüter zuerst oder in einer sonstigen bestimmten Folge verbraucht oder veräußert worden sind. Das Verfahren muß jedoch nach den Grundsätzen einer ordnungsgemäßen Buchführung durchgeführt werden. Nach § 6 Abs. 1 Nr. 2a EStG ist dieses vereinfachte Bewertungsverfahren auch steuerlich anerkannt. Alle anderen Verfahren mit unterstellter Verbrauchs- oder Veräußerungsfolge sind nicht zulässig (Abschnitt 36 a Abs. 1 EStR 1996).

c) Die Gruppenbewertung

Nach § 240 Abs. 4 i.V.m. § 256 Satz 2 HGB können **gleichartige Vermögensgegenstände des Vorratsvermögens sowie andere gleichartige oder annähernd gleichwertige bewegliche Vermögensgegenstände und Schulden** zu einer Gruppe **zusammengefaßt** und mit dem gewogenen Durchschnittswert angesetzt werden.[139] Hierbei müssen ebenfalls die Grundsätze einer ordnungsgemäßen Buchführung beachtet werden. Gleichartige Wirtschaftsgüter einer Gruppe müssen nicht gleichwertig sein. Es muß lediglich ein Durchschnittswert gebildet werden können.[140]

d) Das Festwertverfahren

Bei der Festbewertung werden nach § 240 Abs. 3 i.V.m. § 256 Satz 2 HGB Wirtschaftsgüter des **Sachanlagevermögens** sowie Roh-, Hilfs- und Betriebsstoffe, wenn sie **regelmäßig ersetzt** werden und ihr Gesamtwert für das Unternehmen von **nachrangiger Bedeutung** ist, mit einer **gleichbleibenden Menge** und einem **gleichbleibenden Wert** angesetzt.[141] Der Bestand der Vermögenswerte darf in Bezug auf Größe, Wert und Zusammensetzung nur geringen Veränderungen unterliegen. Um dies zu gewährleisten, ist i.d.R. alle drei Jahre eine körperliche Bestandsaufnahme durchzuführen.[142] Die Bewertung nach Festwerten darf nicht zum Ausgleich von Preisschwankungen genutzt werden.[143]

---

[139] Vgl. auch Abschnitt 36 Abs. 4 EStR 1996.
[140] Vgl. auch Abschnitt 36 a Abs. 3 EStR 1996.
[141] Beispielsweise Werkzeuge oder Arbeitskleidung. Zu den Ansatzvoraussetzungen und der Bemessung der Festwert siehe Erlaß des BMF vom 08.03.1993, BStBl. I, Seite 276.
[142] § 240 Abs. 3 Satz 2 HGB. Vgl. auch Abschnitt 31 Abs. 4 Satz 1 EStR 1996.
[143] Urteile des BFH vom 01.03.1955, BStBl. III, Seite 144 und vom 03.03.1955, BStBl. III, Seite 222.

Verzeichnis der Anhänge

Anhang 1	Auszug aus der GemHVO achter und neunter Abschnitt
Anhang 2	Auszug aus der Kommunalen Prüfungsordnung
Anhang 3	Muster des Anlagenachweises nach § 38 Abs. 1 GemHVO
Anhang 4	Abschreibungstabelle für Kommunen
Anhang 5	Muster des Anlagennachweises nach § 10 Abs. 2 SächsEigBVO (Formblatt 7)
Anhang 6	Gliederung des Anlagennachweises für Versorgungs- und Verkehrsbetriebe (Formblatt 8)
Anhang 7	Bilanz des Eigenbetriebs (Formblatt 4)
Anhang 8	Gewinn- und Verlustrechnung des Eigenbetriebs (Formblatt 5)

Anhang 1

Auszug aus der Gemeindehaushaltsverordnung

ACHTER ABSCHNITT
Vermögen

§ 37 Bestandsverzeichnisse

(1) Die Gemeinde hat über die unbeweglichen und beweglichen Sachen und grundstücksgleichen Rechte, die ihr Eigentum sind oder ihr zustehen, Bestandsverzeichnisse zu führen. Aus den Verzeichnissen müssen Art und Menge sowie Lage oder Standort der Sachen ersichtlich sein.

(2) Verzeichnisse brauchen nicht geführt zu werden, soweit
1. sich der Bestand aus Anlagenachweisen ergibt,
2. es sich um bewegliche Sachen handelt, deren Anschaffungs- oder Herstellungskosten im Einzelfall oder für die Sachgesamtheit nicht mehr als 100 Deutsche Mark betragen haben,
3. über den Bestand von Vorräten eine ausreichende Kontrolle gewährleistet ist oder die Vorräte zum alsbaldigen Verbrauch bestimmt sind.

§ 38 Anlagenachweise

(1) Über bewegliche Sachen, Grundstücke und grundstücksgleiche Rechte, die kostenrechnenden Einrichtungen dienen, sind gesondert für jede Einrichtung Anlagenachweise zu führen. In den Anlagenachweisen sind die Anschaffungs- oder Herstellungskosten und die Abschreibungen mit ihren Veränderungen auszuweisen.

(2) In den Anlagenachweisen für die einzelnen Einrichtungen können gleichartige Vermögensgegenstände oder solche, die einem einheitlichen Zweck dienen, zusammengefaßt ausgewiesen werden. Der Bestand von Vermögensgegenständen, der sich in seiner Größe und seinem Wert über längere Zeit nicht erheblich verändert, kann mit Festwerten ausgewiesen werden. Diese sind jedoch in angemessenen Zeitabständen zu überprüfen.

(3) Die Abschreibungen sind nach den für die Eigenbetriebe der Gemeinden geltenden Grundsätzen zu bemessen. Werden nach § 12 Abs. 1 Satz 1 Nr. 1 höhere oder niedrigere Abschreibungen veranschlagt, ist deren Berechnung in den Anlagenachweisen gesondert nachzuweisen.

(4) Absätze 1 bis 3 gelten nicht für geringwertige Wirtschaftsgüter im Sinne des Einkommensteuergesetzes.

(5) Über unbewegliche und bewegliche Sachen und grundstücksgleiche Rechte, die nicht kostenrechnenden Einrichtungen dienen, sowie über sonstige vermögenswerte Rechte können Anlagenachweise geführt werden. Absätze 1 bis 4 gelten sinngemäß.

§ 39 Bestandteile der Jahresrechnung

(1) Die Jahresrechnung besteht aus
1. dem kassenmäßigen Abschluß,
2. der Haushaltsrechnung,
3. der Vermögensrechnung.

(2) Der Jahresrechnung sind beizufügen
1. eine Übersicht über den Stand des in § 38 Abs. 1 genannten Anlagevermögens, soweit es nicht in der Vermögensrechnung ausgewiesen ist (Vermögensübersicht),
2. ein Rechnungsquerschnitt und eine Gruppierungsübersicht,
3. ein Rechenschaftsbericht.

§ 43 Vermögensrechnung

(1) In der Vermögensrechnung sind die
1. in der Anlage 1 Nr. 2 Buchstabe d bis g genannten Teile des Anlagevermögens,
2. Forderungen aus Geldanlagen,
3. Rückzahlungsverpflichtungen aus den Kreditaufnahmen und ihnen wirtschaftlich gleichkommenden Vorgängen,
4. Rücklagen

mit ihrem Stand zum Beginn des Haushaltsjahres, den Zu- und Abgängen und dem Stand am Ende des Haushaltsjahres auszuweisen.

(2) Der Stand und die Veränderungen der in der Anlage 1 Nr. 2 Buchstabe a bis c genannten Teile des Anlagevermögens können in der Vermögensrechnung und zwar mit den sich aus den Anlagenachweisen ergebenden Buchwerten unter Berücksichtigung der Abschreibungen nach § 38 Abs. 3 Satz 1 ausgewiesen werden.

(3) Die Zu- und Abgänge in der Vermögensrechnung bestimmen sich nach den Soll-Einnahmen und den Soll-Ausgaben des Haushaltsjahres.

Anhang 2

Auszug aus der Kommunalprüfungsordnung

§ 10 Sachliche Prüfung

(1) ¹Die sachliche Prüfung hat Vorrang. ²Sie umfaßt alle Merkmale, die Inhalt der sachlichen Feststellung sind, und erstreckt sich darauf, ob

12. die Kostenrechnungen, Anlagennachweise und Entgeltkalkulationen ordnungsgemäß geführt werden,

Anhang 3

Anlagegruppen[1]	Anschaffungs- und Herstellungskosten				Abschreibungen				Restbuchwerte (Endstand)[5]
	Anfangsstand	Zugang[2] zu Anschaffungswerten	Abgang[2] zu Anschaffungswerten	Endstand[3]	Anfangsstand	Zugang d. h. Abschreibungen im Haushaltsjahr[2]	Abgang d. h. angesammelte Abschreibungen auf die in Spalte 4 ausgewiesenen Abgänge[2]	Endstand[4]	
					DM				
1	2	3	4	5	6	7	8	9	10

[1] Anlagegruppen:
1. Grundstücke und grundstücksgleiche Rechte mit Bauten
2. Grundstücke und grundstücksgleiche Rechte ohne Bauten
3. Betriebsanlagen und sonstige technische Anlagen
4. Bewegliche Sachen

Die Anlagegruppen können bei Bedarf weiter untergliedert werden.

[2] Sind Umbuchungen von einer Anlagegruppe in die andere oder Zuschreibungen vorgenommen worden, so sind sie als solche gesondert aufzuführen und zusammenzuzählen.

[3] Spalten 2 + 3 ./. 4
[4] Spalten 6 + 7 ./. 8
[5] Spalten 5 ./. 9

Anhang 4

Abschreibungstabellen

Abschreibungssätze in der Kommunalverwaltung

Nach der Tabelle zu KGSt- Bericht 1/1999

Gruppe	Vermögensgegenstand	Nutzungsdauer/ Jahre		lineare Abschreibung v.H.		Produktbereich
		ND von	ND bis	von	bis	

1.0. Gebäude, bauliche

1.1. Anlagen und Kanäle

1.0.	Abwasserhebeanlagen, baulicher Teil	30	40	2,5	3,3	Stadtentwässerung
1.0.	Abwasserkanäle	50	100	1,0	2,0	Stadtentwässerung
1.0.	Abwasserreinigungsanlagen, mechanische Stufe, baulicher Teil	30	40	2,5	3,3	Stadtentwässerung
1.0.	Abwasserreinigungsanlagen, biologische Stufe, baulicher Teil	30	40	2,5	3,3	Stadtentwässerung
1.0.	Aufenthaltsgebäude Holzkonstruktion	20	30	3,3	5,0	Allgemein
1.0.	Aufenthaltsgebäude, massiv	80	100	1,0	1,3	Allgemein
1.0.	Aufenthaltsgebäude, teilmassiv	40	60	1,7	2,5	Allgemein
1.0.	Badeanstalten, künstl. angelegte Badebecken	30	40	2,5	3,3	Sport
1.0.	Badehallen und -häuser, massiv	80	100	1,0	1,3	Sport
1.0.	Badehallen und -häuser, teilmassiv	40	60	1,7	2,5	Sport
1.0.	Badekabinen, Holzkonstruktion	20	30	3,3	5,0	Sport
1.0.	Badekabinen, massiv	80	100	1,0	1,3	Sport
1.0.	Badekabinen, teilmassiv	40	60	1,7	2,5	Sport
1.0	Baracken, Holzkonstruktion	20	30	3,3	5,0	Allgemein
1.0.	Baracken, teilmassiv	40	60	1,7	2,5	Allgemein
1.0.	Baulicher Teil Kompostieranlage	25	30	3,3	4,0	Abfallwirtschaft
1.0.	Bürogebäude, massiv	80	100	1,0	1,3	Allgemein

Gruppe	Vermögensgegenstand	Nutzungsdauer/ Jahre ND von	ND bis	lineare Abschreibung v.H. von	bis	Produktbereich
1.0.	Bürogebäude, teilmassiv	40	60	1,7	2,5	Allgemein
1.0.	Eingangshallen (Freibäder)	40	60	1,7	2,5	Sport
1.0.	Eislaufhallen	30	40	2,5	3,3	Sport
1.0.	Fahrzeughallen, Holzkonstruktion	20	30	3,3	5,0	Fuhrpark
1.0	Fahrzeughallen, massiv	80	100	1,0	1.3	Fuhrpark
1.0	Fahrzeughallen, teilmassiv	40	60	1,7	2,5	Fuhrpark
1.0.	Feuerwehrgerätehäuser, massiv	80	100	1,0	1,3	Brandschutz
1.0	Feuerwehrgerätehäuser, teilmassiv	40	60	1,7	2,5	Brandschutz
1.0	Friedhofskapellen	80	100	1,0	1,3	Bestattung/ Friedhöfe
1.0	Garagen, Holz- und Blechkonstruktion	20	30	3,3	5,0	Allgemein
1.0.	Garagen, massiv	80	100	1,0	1,3	Allgemein
1.0.	Garagen, teilmassiv	40	60	1,7	2,5	Allgemein
1.0.	Gärtnerunterkunft, Holzkonstruktion	20	30	3,3	5,0	Grünflächen
1.0.	Gärtnerunterkunft, massiv	80	100	1,0	1,3	Grünflächen
1.0.	Gärtnerunterkunft, teilmassiv	40	60	1,7	2,5	Grünflächen
1.0.	Gaststätten, massiv	80	100	1,0	1,3	Allgemein
1.0.	Gaststätten, teilmassiv	40	60	1,7	2,5	Allgemein
1.0.	Gerätegebäude u. Schuppen, Holzkonstrukt.	20	30	3,3	5,0	Allgemein
1.0.	Gerätegebäude u. Schuppen, massiv	80	100	1,0	1,3	Allgemein
1.0.	Gerätegebäude u. Schuppen, teilmassiv	40	60	1,7	2,5	Allgemein
1.0.	Geschäftsgebäude, massiv	80	100	1,0	1,3	Allgemein
1.0.	Geschäftsgebäude, teilmassiv	40	60	1,7	2,5	Allgemein
1.0.	Gewächshäuser	20	30	3,3	5,0	Grünflächen
1.0.	Grundstücksanschlußkanäle	50	100	1,0	2,0	Stadtentwässerung
1.0.	Hallenbauten, Holzkonstruktion	20	30	3,3	5,0	Allgemein
1.0.	Hallenbauten, massiv	80	100	1,0	1,3	Allgemein
1.0.	Hallenbauten, teilmassiv	40	60	1,7	2,5	Allgemein
1.0.	Hallenbäder	60	80	1,3	1,7	Sport
1.0.	Kesselhäuser, massiv	80	100	1,0	1,3	Allgemein
1.0.	Kesselhäuser, teilmassiv	40	60	1,7	2,5	Allgemein
1.0.	Kindergärten, massiv	80	100	1,0	1,3	Jugend

Gruppe	Vermögensgegenstand	Nutzungs-dauer/ Jahre ND von	ND bis	lineare Abschrei-bung v.H. von	bis	Produktbereich
1.0.	Krematorien (ohne Einäscherungsöfen)	80	100	1,0	1,3	Bestattung/ Friedhöfe
1.0.	Kühlhäuser	80	100	1,0	1,3	Allgemein
1.0.	Laderampe, Beton/Mauerwerk	80	100	1,0	1,3	Allgemein
1.0.	Lagerhäuser, Holzkonstruktion	20	30	3,3	5,0	Allgemein
1.0.	Lagerhäuser, massiv	80	100	1,0	1,3	Allgemein
1.0.	Lagerhäuser, teilmassiv	40	60	1,7	2,5	Allgemein
1.0.	Leichenhallen	80	100	1,0	1,3	Bestattung/ Friedhöfe
1.0.	Markthallen, Holzkonstruktion	20	30	3,3	5,0	Allgemein
1.0.	Markthallen, massiv	80	100	1,0	1,3	Allgemein
1.0.	Markthallen, teilmassiv	40	60	1,7	2,5	Allgemein
1.0.	Maschinenhäuser, massiv	80	100	1,0	1,3	Allgemein
1.0.	Maschinenhäuser, teilmassiv	40	60	1,7	2,5	Allgemein
1.0.	Parkhäuser	80	100	1,0	1,3	Verkehrsflächen
1.0.	Pavillionbauten, Leichtbauweise	20	30	3,3	5,0	Allgemein
1.0.	Plexiverglasung Eislaufhalle	8	10	10,0	12,5	Sport
1.0.	Rettungswachen	80	100	1,0	1,3	Rettungsdienst
1.0.	Rollschuhbahnen	20	30	3,3	5,0	Sport
1.0	Schleusen, Beton	80	100	1,0	1,3	Allgemein
1.0.	Schleusen, Holz	20	30	3,3	5,0	Allgemein
1.0.	Schleusen, Stahl	60	80	1,3	1,7	Allgemein
1.0	Schornsteine aus Mauerwerk und Beton	40	60	1,7	2,5	Allgemein
1.0	Schornsteine aus Metall	20	30	3,3	5,0	Allgemein
1.0.	Schulgebäude, massiv	80	100	1,0	1,3	Schule
1.0.	Schulgebäude, teilmassiv	40	60	1,7	2,5	Schule
1.0.	Scheunen, Holzkonstruktion	20	30	3,3	5,0	Allgemein
1.0.	Scheunen, massiv	80	100	1,0	1,3	Allgemein
1.0.	Scheunen, teilmassiv	40	60	1,7	2,5	Allgemein
1.0.	Schlammbehandlung, Eindicker, baulicher Teil	30	40	2,5	3,3	Stadtentwässe-rung
1.0.	Schlammbehandlung, Faul-räume, baulicher Teil	33	50	2,0	3,0	Stadtentwässe-rung
1.0.	Schuppen, Holzkonstruktion	20	30	3,3	5,0	Allgemein
1.0.	Schuppen, massiv	80	100	1,0	1,3	Allgemein
1.0.	Schuppen, teilmassiv	40	60	1,7	2,5	Allgemein
1.0.	Schwimmbecken mit Sprung-turm (massiv)	30	40	2,5	3,3	Sport
1.0.	Silobauten, aus Mauerwerk und Beton	40	60	1,7	2,5	Allgemein
1.0.	Silobauten, aus Stahl	20	30	3,3	5,0	Allgemein

Gruppe	Vermögensgegenstand	Nutzungsdauer/Jahre ND von	ND bis	lineare Abschreibung v.H. von	bis	Produktbereich
1.0.	Sporthafen	40	50	2,0	2,5	Sport
1.0.	Sporthallen, Holzkonstruktion	20	30	3,3	5,0	Sport
1.0.	Sporthallen, massiv	80	100	1,0	1,3	Sport
1.0.	Sporthallen, teilmassiv	40	60	1,7	2,5	Sport
1.0.	Stadiontribüne	20	30	3,3	5,0	Sport
1.0.	Stallungen, Holzbauten	20	30	3,3	5,0	Allgemein
1.0.	Stallungen, massiv	80	100	1,0	1,3	Allgemein
1.0.	Stallungen, teilmassiv	40	60	1,7	2,5	Allgemein
1.0.	Straßenabläufe einschl. Anschlußkanäle	40	80	1,3	2,5	Stadtentwässerung
1.0.	Tennishallen/Squashhallen u. ä.	30	40	2,5	3,3	Sport
1.0.	Theatergebäude	80	100	1,0	1,3	Theater
1.0.	Tiefgaragen	80	100	1,0	1,3	Verkehrsflächen
1.0.	Trauerhallen	80	100	1,0	1,3	Bestattung/Friedhöfe
1.0.	Treppen außerhalb von Gebäuden, Holzkonstruktion	20	30	3,3	5,0	Allgemein
1.0.	Treppen außerhalb von Gebäuden, massiv	80	100	1,0	1,3	Allgemein
1.0	Treppen, außerhalb von Gebäuden, teilmassiv	40	60	1,7	2,5	Allgemein
1.0	Tunnelanlagen	50	60	1,7	2,0	Verkehrsflächen
1.0	Turnhallen, massiv	80	100	1,0	1,3	Sport
1.0.	Turnhallen, teilmassiv	40	60	1,7	2,5	Sport
1.0.	Umkleidekabinen, Holzkonstruktion	20	30	3,3	5,0	Sport
1.0.	Umkleidekabinen, massiv	80	100	1,0	1,3	Sport
1.0.	Umkleidekabinen, teilmassiv	40	60	1,7	2,5	Sport
1.0.	Verwaltungs- und Wohngebäude, massiv	80	100	1,0	1,3	Allgemein
1.0.	Verwaltungs- und Wohngebäude, teilmassiv	40	60	1,7	2,5	Allgemein
1.0.	Wassertürme	40	60	1,7	2,5	Allgemein
1.0.	Werkstattgebäude, massiv	80	100	1,0	1,3	Allgemein
1.0.	Werkstattgebäude, teilmassiv	40	60	1,7	2,5	Allgemein
1.0.	Zielrichterturm	50	60	1,7	2,0	Sport

1.1. Straßen, Wege, Plätze (Grundstückseinrichtungen)

1.1.	Asphaltwege	20	30	3,3	5,0	Verkehrsflächen
1.1.	Barrieren (Sportplätze)	20	25	4,0	5,0	Sport
1.1.	Bolzplätze (rote Erde)	10	15	6,7	10,0	Sport
1.1.	Brücken, Holzkonstruktion	20	30	3,3	5,0	Verkehrsflächen

Gruppe	Vermögensgegenstand	Nutzungsdauer/Jahre ND von	ND bis	lineare Abschreibung v.H. von	bis	Produktbereich
1.1.	Brücken, Stahlkonstruktion	70	80	1,3	1,4	Verkehrsflächen
1.1.	Brücken, Mauerwerk oder Beton	80	100	1,0	1,3	Verkehrsflächen
1.1.	Brunnen, zur Wassergewinnung	20	30	3,3	5,0	Grünflächen
1.1.	Brunnen, Zierbrunnen u. dgl. aus Stein oder Mauerwerk	30	40	2,5	3,3	Grünflächen
1.1.	Brunnen, Zierbrunnen u. dgl. aus Metall oder Kunststoff	20	30	3,3	5,0	Grünflächen
1.1.	Brunnen, Zierbrunnen u. dgl. aus Holz	10	20	5,0	10,0	Grünflächen
1.1.	Einfriedungen aus Mauerwerk und Beton	30	40	2,5	3,3	Allgemein
1.1.	Einfriedungen, aus Eisen mit Sockel	20	30	3,3	5,0	Allgemein
1.1.	Einfriedungen, aus Draht	10	15	6,7	10,0	Allgemein
1.1.	Einfriedungen aus Holz	8	10	10,0	12,5	Allgemein
1.1.	Fahrradständer, offen	10	15	6,7	10,0	Allgemein
1.1.	Fahrradständer, überdacht	15	20	5,0	6,7	Allgemein
1.1.	Geländer (Schutzgeländer), Eisen	20	30	3,3	5,0	Allgemein
1.1.	Geländer (Schutzgeländer), Holz	10	15	6,7	10,0	Allgemein
1.1.	Kleinspielplätze	10	15	6,7	10,0	Grünflächen
1.1.	Kompostplätze Deponie	8	10	10,0	12,5	Abfallwirtschaft
1.1.	Kompostplätze Grünflächen	20	30	3,3	5,0	Grünflächen
1.1.	Landungsbrücken u. -stege	20	30	3,3	5,0	Allgemein
1.1	Offene Gräben (soweit Bestandteil der kommunalen Entwässerung)	20	33	3,0	5,0	Stadtentwässerung
1.1	Pflastersteinwege	10	15	6,7	10,0	Verkehrsflächen
1.1	Plattenwege	10	15	6,7	10,0	Verkehrsflächen
1.1.	Poller (Straßenverkehr)	8	10	10,0	12,5	Verkehrsflächen
1.1.	Spielplätze	10	15	6,7	10,0	Grünflächen
1.1.	Sportplätze (Rasen- u. Hartplätze)	20	25	4,0	5,0	Sport
1.1.	Straßen aus Beton	40	60	1,7	2,5	Verkehrsflächen
1.1.	Straßen mit schwerer Packlage	20	30	3,3	5,0	Verkehrsflächen
1.1.	Straßen ohne schwere Packlage	15	20	5,0	6,7	Verkehrsflächen
1.1.	Straßen aus Verbundsteinpflaster	10	15	6,7	10,0	Verkehrsflächen
1.1.	Tank- und Waschplatz	15	20	5,0	6,7	Abfallwirtschaft
1.1.	Umzäunung aus Mauerwerk u. Beton	30	40	2,5	3,3	Allgemein

Gruppe	Vermögensgegenstand	Nutzungsdauer/Jahre ND von	ND bis	lineare Abschreibung v.H. von	bis	Produktbereich
1.1.	Umzäunung aus Eisen m. Sockel	20	30	3,3	5,0	Allgemein
1.1.	Umzäunung aus Draht	15	20	5,0	6,7	Allgemein
1.1.	Umzäunung aus Holz	8	10	10,0	12,5	Allgemein
1.1.	Wege und Plätze aus Beton	40	60	1,7	2,5	Verkehrsflächen
1.1.	Wege und Plätze mit schwerer Packlage	20	30	3,3	5,0	Verkehrsflächen
1.1.	Wege und Plätze ohne schwere Packlage	15	20	5,0	6,7	Verkehrsflächen
1.1.	Wege und Plätze aus Verbundsteinpflaster	10	15	6,7	10,0	Verkehrsflächen
1.1.	Wege und Plätze (wassergebunden)	15	20	5,0	6,7	Forstwirtschaft

2. Technische Anlagen (Betriebsanlagen)

2.1. Verteilungsanlagen

2.1.	Abwasserhebeanlagen, maschineller Teil: Schneckenpumpen	15	20	5,0	6,7	Stadtentwässerung
2.1.	Abwasserhebeanlagen, maschineller Teil, sonstige Pumpen	8	12	8,3	12,5	Stadtentwässerung
2.1.	Datenkabelnetz	10	15	6,7	10,0	TUI
2.1.	Dampfversorgungsleitungen	15	20	5,0	6,7	Allgemein
2.1.	Druckrohrleitungen für Abwässer	30	50	2,0	3,3	Stadtentwässerung
2.1.	Druckrohrleitungen für Sickerwasser	15	20	5,0	6,7	Abfallwirtschaft
2.1.	Freileitungen für Strom	20	30	3,3	5,0	Allgemein
2.1.	Gasleitungen	40	50	2,0	2,5	Allgemein
2.1.	Gemeinschaftsantennen	10	12	8,3	10,0	Allgemein
2.1.	Heizkanäle	40	60	1,7	2,5	Allgemein
2.1.	Heizungsanlagen, Niederdruckdampf	15	20	5,0	6,7	Allgemein
2.1.	Heizungsanlagen, Warmluft	15	20	5,0	6,7	Allgemein
2.1.	Heizungsanlagen, Warmwasser	15	20	5,0	6,7	Allgemein
2.1.	Schaltanlagen für Licht und Kraft	17	25	4,0	5,9	Stadtentwässerung
2.1.	Schaltanlagen, elektrisch	15	20	5,0	6,7	Allgemein

Gruppe	Vermögensgegenstand	Nutzungsdauer/ Jahre ND von	ND bis	lineare Abschreibung v.H. von	bis	Produktbereich
2.1.	Kabelleitungen (erdverlegt)	33	50	2,0	3,0	Stadtentwässerung
2.1.	Kabelleitungen	33	50	2,0	3,0	Allgemein
2.1.	Kabelnetz für Telekommunikationsanlagen	20	25	4,0	5,0	TUI
2.1.	Kälterzeugungsanlagen	30	40	2,5	3,3	Allgemein
2.1.	Kaltwasserversorgungsleitungen	20	30	3,3	5,0	Allgemein
2.1.	Maschinelle Einrichtungen d. komm. Entwässerung, Dauer- u. Schneckenpumpen	15	20	5,0	6,7	Stadtentwässerung
2.1.	Maschinelle Einrichtungen d. komm. Entwässerung, sonstige Pumpen	8	12	8,3	12,5	Stadtentwässerung
2.1.	Sonstige masch. Einrichtungen d. komm. Entwässerung, z.B. Schieber, Regel	20	40	2,5	5,0	Stadtentwässerung
2.1.	Stromversorgungsleitungen	20	30	3,3	5,0	Allgemein
2.1.	Stromverteiler (Märkte)	10	15	6,7	10,0	Allgemein
2.1.	Versorgungsleitungen Sickerwasserbehandlungsanlage	15	20	5,0	6,7	Abfallwirtschaft
2.1.	Warmwasserversorgungsleitungen	20	30	3,3	5,0	Allgemein
2.1.	Wasserleitungen	30	40	2,5	3,3	Allgemein
	2.2. Krafterzeugungsanlagen					
2.2.	Dynamomaschinen und Elektromotoren	15	20	5,0	6,7	Allgemein
2.2.	Notstromaggregat	15	20	5,0	6,7	Allgemein
2.2.	Solaranlage	15	20	5,0	6,7	Allgemein
2.2.	Trafostation für Sickerwasserbehandlungsanlage (Deponie)	15	20	5,0	6,7	Abfallwirtschaft
2.2.	Transformatoren	20	30	3,3	5,0	Allgemein
	2.3. Meß- und Steuerungseinrichtungen					
2.3.	Alarmanlagen	15	20	5,0	6,7	Allgemein
2.3.	Feuermeldeanlagen	10	15	6,7	10,0	Brandschutz
2.3.	Lichtsignalanlagen	15	20	5,0	6,7	Verkehrsflächen
2.3.	Martinshornanlage	8	10	10,0	12,5	Brandschutz

Gruppe	Vermögensgegenstand	Nutzungsdauer/ Jahre ND von	ND bis	lineare Abschreibung v.H. von	bis	Produktbereich
2.3.	Meß- und Steuerungseinrichtungen allgemein	8	12	8,3	12,5	Stadtentwässerung
2.3.	Ozonmeßstation	10	12	8,3	10,0	Allgemein
2.3.	Parkleitsystem	10	15	6,7	10,0	Verkehrsflächen
2.3.	Signalanlagen	15	20	5,0	6,7	Allgemein
2.3.	Uhrenanlagen	15	20	5,0	6,7	Allgemein
2.3.	Umweltmeßstation	10	12	8,3	10,0	Allgemein
2.3.	Verkehrsrechner (Verkehrsleitsystem)	10	15	6,7	10,0	Verkehrsflächen

2.4. Funk- und Fernsprechanlagen

2.4.	Anrufbeantworter	5	6	16,7	20,0	Allgemein
2.4.	Autotelefone	5	6	16,7	20,0	Allgemein
2.4.	Betriebsfunk-, Sprechanlagen	8	10	10,0	12,5	Allgemein
2.4.	Faxgeräte	5	7	14,3	20,0	Allgemein
2.4.	Fernschreiber	5	7	14,3	20,0	Allgemein
2.4.	Fernsprechnebenstellenanlage	10	15	6,7	10,0	Allgemein
2.4.	Fernsprechzentralen mit Anschlüssen	10	15	6,7	10,0	Allgemein
2.4.	Funkalarmempfänger	6	8	12,5	16,7	Brandschutz
2.4.	Funkanlagen	6	8	12,5	16,7	Allgemein
2.4.	Funkgerät	6	8	12,5	16,7	Allgemein
2.4.	Funksprechgerät/Handfunksprechgerät	6	8	12,5	16,7	Allgemein
2.4.	Funktelefon	5	6	16,7	20,0	Allgemein
2.4.	Lautsprecheranlagen	8	10	10,0	12,5	Allgemein
2.4.	Notrufanlage Leitstelle	8	10	10,0	12,5	Brandschutz
2.4.	Pausensignalanlagen	10	15	6,7	10,0	Schule
2.4.	Rufanlagen	10	12	8,3	10,0	Allgemein
2.4.	Rundfunkgeräte	5	10	10,0	20,0	Allgemein
2.4.	SAT- Anlage	5	10	10,0	20,0	Allgemein
2.4.	Sprechanlagen	10	12	8,3	10,0	Allgemein
2.4.	Sprechfunkanlagen	8	10	10,0	12,5	Allgemein
2.4.	Stereoanlage (Eislaufhalle)	5	7	14,3	20,0	Sport
2.4.	Tauchertelefon	5	7	14,3	20,0	Rettungsdienst
2.4.	Telekommunukationseinrichtungen, fest	10	12	8,3	10,0	Allgemein
2.4.	Telekommunikationseinrichtungen, mobil	5	6	16,7	20,0	Allgemein
2.4.	Vielkanalgerät	10	12	8,3	10,0	Brandschutz

2.5. Sonstige Anlagen

Gruppe	Vermögensgegenstand	Nutzungsdauer/ Jahre ND von	ND bis	lineare Abschreibung v.H. von	bis	Produktbereich
2.5.	Abwasserreinigungsanlagen, mech. Stufe, masch. Teil des Absetzbeckens	12	20	5,0	8,3	Stadtentwässerung
2.5.	Abwasserreinigungsanlagen, mech. Stufe, masch. Teil der Rechenanlage	10	15	6,7	10,0	Stadtentwässerung
2.5.	Abwasserreinigungsanlagen, mech. Stufe, masch. Teil des Sandfanges	8	12	8,3	12,5	Stadtentwässerung
2.5.	Abw.- Reinig.- Anl., biolog. Stufe, masch. Teil d. Belebungsanl. mit Oberflächenbelüfter	10	20	5,0	10,0	Stadtentwässerung
2.5.	Abw.- Reinig.- Anl., biolog. Stufe, masch. Teil d. Belebungsanl. mit Druckbelüftung	12	20	5,0	8,3	Stadtentwässerung
2.5.	Abwasserreinigungsanlagen, biol. Stufe, masch. Teil der Tropfkörperanlage	20	25	4,0	5,0	Stadtentwässerung
2.5.	Abwasserreinigungsanlagen, biol. Stufe, masch. Teil des Nachklärbeckens	12	20	5,0	8,3	Stadtentwässerung
2.5.	Abwasserreinigungsanlagen, Schaltwerte, elektrischer Teil:	10	25	4,0	10,0	Stadtentwässerung
2.5.	Aufzugsanlagen	15	20	5,0	6,7	Allgemein
2.5.	Ausfahrtvorrichtungen (elekt. Einfahrtstore)	8	10	10,0	12,5	Allgemein
2.5.	Außenbeleuchtung	15	20	5,0	6,7	Allgemein
2.5.	Beleuchtungsanlagen	15	20	5,0	6,7	Allgemein
2.5.	Be- und Entlüftungsanlagen (Klimaanlagen)	8	10	10,0	12,5	Allgemein
2.5.	Beregnungsanlage, stationär	10	15	6,7	10,0	Grünflächen
2.5.	Beregnungsanlage, mobil	8	10	10,0	12,5	Grünflächen
2.5.	Beschallungsanlage	10	15	6,7	10,0	Allgemein
2.5.	Blitzschutzanlagen	80	100	1,0	1,3	Allgemein
2.5.	Druckerhöhungsanlagen	20	25	4,0	5,0	Allgemein
2.5.	Einäscherungsöfen	20	25	4,0	5,0	Bestattung/ Friedhöfe
2.5.	Entlüftungsanlagen	8	10	10,0	12,5	Allgemein
2.5.	Entnebelungsanlagen	15	20	5,0	6,7	Allgemein
2.5.	Entwässerungssystem Kompostwerk	15	20	5,0	6,7	Abfallwirtschaft
2.5.	Flutlichtanlage	20	25	4,0	5,0	Sport
2.5.	Gleiseinrichtungen	25	30	3,3	4,0	Allgemein
2.5.	Heißwasserbereitungsanlage	8	12	8,3	12,5	Allgemein

Gruppe	Vermögensgegenstand	Nutzungsdauer/Jahre ND von	Nutzungsdauer/Jahre ND bis	lineare Abschreibung v.H. von	bis	Produktbereich
2.5.	Kläranlage Kompostwerk	20	25	4,0	5,0	Abfallwirtschaft
2.5.	Klimaanlagen	8	10	10,0	12,5	Allgemein
2.5.	Marmorkiesreaktor (Chloranlage)	10	15	6,7	10,0	Sport
2.5.	Maschinentechnik Kompostwerk	10	15	6,7	10,0	Abfallwirtschaft
2.5.	Pumpwerk für Sickerwasserbehandlungsanlage (Deponie)	15	20	5,0	6,7	Abfallwirtschaft
2.5.	Schlammbehandlung, Eindikker, maschineller Teil	12	20	5,0	8,3	Stadtentwässerung
2.5.	Schlammbehandlung, Faulräume, maschineller Teil	10	20	5,0	10,0	Stadtentwässerung
2.5.	Schlammbehandlung, Gaspeicherung u.- verwertung, Gasmaschinenanlagen	20	25	4,0	5,0	Stadtentwässerung
2.5.	Schlammbehandlung, Maschinelle Schlammentwässerung	10	15	6,7	10,0	Stadtentwässerung
2.5.	Schlammbehandlung, Natürliche Schlammentwässerung	30	40	2,5	3,3	Stadtentwässerung
2.5.	Schlauchwaschstraße	8	12	8,3	12,5	Brandschutz
2.5.	Schornsteinanlage	25	30	3,3	4,0	Bestattung/Friedhöfe
2.5.	Schrankenanlage, elektrisch betrieben	15	20	5,0	6,7	Allgemein
2.5.	Schrankenanlage, handbetrieben	20	30	3,3	5,0	Allgemein
2.5.	Springleranlagen	20	30	3,3	5,0	Allgemein
2.5.	Straßenbeleuchtung	20	30	3,3	5,0	Verkehrsflächen
2.5.	Tank- und Zapfanlagen	15	20	5,0	6,7	Allgemein
2.5.	Wagenwaschanlagen	20	30	3,3	5,0	Allgemein

3.0. Maschinen und Geräte, Betriebsausstattung

Gruppe	Vermögensgegenstand	ND von	ND bis	von	bis	Produktbereich
3.0.	Abfallbehälter	10	15	6,7	10,0	Abfallwirtschaft
3.0.	Abfallkörbe	10	15	6,7	10,0	Abfallwirtschaft
3.0.	Abrollcontainer	8	10	10,0	12,5	Abfallwirtschaft
3.0.	Absaugpumpen	8	10	10,0	12,5	Rettungsdienst
3.0.	Abschleppmatte (zum Hartplatz abziehen)	5	7	14,3	20,0	Sport
3.0.	Akkumulatoren - Batterien	8	12	8,3	12,5	Werkstätten
3.0.	Anzeigetafel (elektronisch)	15	20	5,0	6,7	Sport

Gruppe	Vermögensgegenstand	Nutzungsdauer/Jahre ND von	ND bis	lineare Abschreibung v.H. von	bis	Produktbereich
3.0.	Arbeitsplatte	15	20	5,0	6,7	Druckerei
3.0.	Astzerkleinerer	6	10	10,0	16,7	Grünflächen
3.0.	Atemschutzgerät	8	10	10,0	12,5	Brandschutz
3.0.	Atmungsgeräte	5	7	14,3	20,0	Rettungsdienst
3.0.	Aufsitzrasenmäher	6	8	12,5	16,7	Grünflächen
3.0.	Autohebebühne	8	12	8,3	12,5	Werkstätten
3.0.	Autosampler	8	10	10,0	12,5	Lebensmittelüberwachung
3.0.	Babywaage	10	12	8,3	10,0	Gesundheitswesen
3.0.	Baggerlader	8	10	10,0	12,5	Grünflächen
3.0.	Bahrwagen	10	15	6,7	10,0	Bestattung/Friedhöfe
3.0.	Bädereinrichtungen	10	15	6,7	10,0	Gesundheitswesen
3.0.	Bänke aus Stein, Mauerwerk	30	40	2,5	3,3	Grünflächen
3.0.	Bänke aus Metall oder Kunststoff	20	30	3,3	5,0	Grünflächen
3.0.	Bänke aus Holz	8	10	10,0	12,5	Grünflächen
3.0.	Baustellensicherungsgeräte	3	5	20,0	33,3	Verkehrsflächen
3.0.	Baustellenwagen	10	15	6,7	10,0	Verkehrsflächen
3.0.	Beatmungsgeräte	5	7	14,3	20,0	Rettungsdienst
3.0.	Beckeneinsteigsleitern	20	25	4,0	5,0	Sport
3.0.	Beckenreiniger	10	12	8,3	10,0	Sport
3.0.	Be- und Entlüftungsgerät	8	10	10,0	12,5	Allgemein
3.0.	Be- und Verarbeitungsmaschinen	10	15	6,7	10,0	Werkstätten
3.0	Betonmischer	6	10	10,0	16,7	Verkehrsflächen
3.0.	Belüftergerät für Rasen	10	15	6,7	10,0	Grünflächen
3.0.	Biegemaschinen	10	15	6,7	10,0	Werkstätten
3.0.	Bodenbelüfter	10	15	6,7	10,0	Grünflächen
3.0.	Bohrhämmer	6	8	12,5	16,7	Verkehrsflächen
3.0.	Bohrmaschinen (mobil)	6	8	12,5	16,7	Werkstätten
3.0.	Bohrmaschinen (stationär)	10	15	6,7	10,0	Werkstätten
3.0.	Buschhacker	6	10	10,0	16,7	Grünflächen
3.0.	Bühnenausstattung	15	20	5,0	6,7	Theater
3.0.	Bühnenbeleuchtungs- Stellwerk	20	30	3,3	5,0	Theater
3.0.	Bühnenpodium, versenkbar	15	20	5,0	6,7	Theater
3.0.	Bühnenzubehör	20	30	3,3	5,0	Theater
3.0.	Bürocontainer	8	10	10,0	12,5	Allgemein
3.0.	Cardiotokographen	8	10	10,0	12,5	Gesundheitswesen
3.0.	Chirurgisches Besteck	3	5	20,0	33,3	Rettungsdienst
3.0.	Chlorgas- Dosiergerät	15	20	5,0	6,7	Sport

Gruppe	Vermögensgegenstand	Nutzungsdauer/Jahre ND von	ND bis	lineare Abschreibung v.H. von	bis	Produktbereich
3.0.	CO 2- Füllanlage	8	10	10,0	12,5	Brandschutz
3.0.	Computertomographen	8	10	10,0	12,5	Gesundheitswesen
3.0.	Container	10	15	6,7	10,0	Abfallwirtschaft
3.0.	Defibrillatoren	5	7	14,3	20,0	Rettungsdienst
3.0.	Dialysegeräte	8	10	10,0	12,5	Gesundheitswesen
3.0.	Dosierpumpe (Druckerhöhungsgerät)	10	15	6,7	10,0	Allgemein
3.0.	Drehbänke	15	20	5,0	6,7	Werkstätten
3.0.	Drehbühnen	15	20	5,0	6,7	Theater
3.0.	Drehleiter	15	20	5,0	6,7	Brandschutz
3.0.	Druckereimaschinen	10	15	6,7	10,0	Druckerei
3.0.	Durchlauferhitzer	8	10	10,0	12,5	Allgemein
3.0.	Eisbearbeitungsmaschinen	10	12	8,3	10,0	Sport
3.0.	Eiserner Vorhang	40	60	1,7	2,5	Theater
3.0.	Eiserner Vorhang, mechanischer Teil d. Vorhänge	40	50	2,0	2,5	Theater
3.0.	Eiserzeuger	10	12	8,3	10,0	Sport
3.0.	EKG-Gerät	10	12	8,3	10,0	Gesundheitswesen
3.0.	Elektrofahrzeuge	10	15	6,7	10,0	Grünflächen
3.0.	Elektrokarren	10	15	6,7	10,0	Grünflächen
3.0.	Elektrotherapiegeräte	8	10	10,0	12,5	Gesundheitswesen
3.0.	Endoskpiegeräte	8	10	10,0	12,5	Gesundheitswesen
3.0.	Erdbohrer	6	8	12,5	16,7	Grünflächen
3.0.	Erdfräse	5	7	14,3	20,0	Grünflächen
3.0.	Erdspeicher	10	12	8,3	10,0	Grünflächen
3.0.	Feuerlöschgeräte	8	12	8,3	12,5	Brandschutz
3.0.	Feuerlöschgeräte (Handdrucklöschpistole)	6	8	12,5	16,7	Brandschutz
3.0.	Feuerlöschgeräte (Handfeuerlöschgerät)	6	8	12,5	16,7	Brandschutz
3.0.	Feuerwehrleitern (mechanisch)	15	20	5,0	6,7	Brandschutz
3.0.	Feuerwehrschutzanzug (Gas-Säure-Kontaminations-Schutzanzug)	3	5	20,0	33,3	Brandschutz
3.0.	Filmentwicklungsmaschinen	10	12	8,3	10,0	Straßenverkehr
3.0.	Filteranlage	15	20	5,0	6,7	Sport
3.0.	Flüssigkeitssauger	10	15	6,7	10,0	Brandschutz
3.0.	Fräsmaschinen, stationär	10	12	8,3	10,0	Werkstätten
3.0.	Freischneider	3	5	20,0	33,3	Grünflächen

Gruppe	Vermögensgegenstand	Nutzungsdauer/ Jahre ND von	ND bis	lineare Abschreibung v.H. von	bis	Produktbereich
3.0.	Friedhofsbagger	8	12	8,3	12,5	Bestattung/ Friedhöfe
3.0.	Friedhofskreuze	20	25	4,0	5,0	Bestattung/ Friedhöfe
3.0.	Fugenschneidegerät	6	8	12,5	16,7	Verkehrsflächen
3.0.	Gaschromatograph	10	15	6,7	10,0	Lebensmittelüberwachung
3.0.	Gefriergerät	10	12	8,3	10,0	Veterinärwesen
3.0.	Generator	5	6	16,7	20,0	Allgemein
3.0.	Geschirrspülmaschinen	8	10	10,0	12,5	Allgemein
3.0.	Gummiradwalze	10	12	8,3	10,0	Grünflächen
3.0.	Grabverbaugerätesatz	3	5	20,0	33,3	Bestattung/ Friedhöfe
3.0.	Grabsicherheitslaufroste	10	12	8,3	10,0	Bestattung/ Friedhöfe
3.0.	Großcontainer	10	15	6,7	10,0	Abfallwirtschaft
3.0.	Großflächenmäher	6	8	12,5	16,7	Grünflächen
3.0.	Häcksler	6	10	10,0	16,7	Grünflächen
3.0.	Hand- und Kreissägemaschinen	7	10	10,0	14,3	Grünflächen
3.0.	Handscheinwerfer	6	8	12,5	16,7	Brandschutz
3.0.	Hartplatzpflegegerät	5	7	14,3	20,0	Sport
3.0.	Heckenschere	4	6	16,7	25,0	Grünflächen
3.0.	Heckenschneidmaschine	6	8	12,5	16,7	Grünflächen
3.0.	Hitzeschutzanzug	3	5	20,0	33,3	Brandschutz
3.0.	Hitzschutzüberwurf	3	5	20,0	33,3	Brandschutz
3.0.	Hobelmaschinen, stationär	10	15	6,7	10,0	Werkstätten
3.0.	Hobelmaschinen, mobil	8	10	10,0	12,5	Werkstätten
3.0.	Hochdruckreinigungsgerät	5	8	12,5	20,0	Allgemein
3.0.	Hochleistungslüfter	8	12	8,3	12,5	Brandschutz
3.0.	Holzspaltgerät	10	15	6,7	10,0	Grünflächen
3.0.	Hubkorb	10	15	6,7	10,0	Grünflächen
3.0.	Hubsteiger	10	12	8,3	10,0	Grünflächen
3.0.	Hubwagen	8	10	10,0	12,5	Allgemein
3.0.	Hydraulikhammer	6	8	12,5	16,7	Grünflächen
3.0.	Industriestaubsauger	8	10	10,0	12,5	Allgemein
3.0.	Infusionsgeräte	5	7	14,3	20,0	Rettungsdienst
3.0.	Inhalationsgeräte	8	10	10,0	12,5	Rettungsdienst
3.0.	Ionenchromatograph	8	10	10,0	12,5	Lebensmittelüberwachung
3.0.	Kamera (Spezialminikamera, kl. Fernauge)	5	8	12,5	20,0	Stadtentwässerung
3.0.	Kamera (Digitalkamera)	5	8	12,5	20,0	Stadtentwässerung
3.0.	Kamera (Reprokamera)	10	15	6,7	10,0	Druckerei

Gruppe	Vermögensgegenstand	Nutzungsdauer/ Jahre ND von	ND bis	lineare Abschreibung v.H. von	bis	Produktbereich
3.0.	Kamera (Wärmebildkamera)	5	8	12,5	20,0	Brandschutz
3.0.	Kanalleuchte mit Anschluß	8	10	10,0	12,5	Stadtentwässerung
3.0.	Kapellenausstattung	60	80	1,3	1,7	Bestattung/ Friedhöfe
3.0.	Kanalrohrfräse	5	7	14,3	20,0	Stadtentwässerung
3.0.	Kehrmaschinen, Bürgersteig-	8	10	10,0	12,5	Verkehrsflächen
3.0.	Kehrmaschinen, Dreirad	5	8	12,5	20,0	Verkehrsflächen
3.0.	Kehrmaschinen, Hand-	5	8	12,5	20,0	Verkehrsflächen
3.0.	Kehrmaschinen, selbstaufnehmend	8	10	10,0	12,5	Verkehrsflächen
3.0.	Kehrmaschinen, Straßenkehrmaschine	8	10	10,0	12,5	Verkehrsflächen
3.0.	Kehrmaschinen, Vorbaukehrmaschine	5	8	12,5	20,0	Verkehrsflächen
3.0.	Kehrrichtkarren	10	15	6,7	10,0	Abfallwirtschaft
3.0.	Kernspintomographen	8	10	10,0	12,5	Gesundheitswesen
3.0.	Kettensäge	5	7	14,3	20,0	Grünflächen
3.0.	Kettenschleifgerät	10	15	6,7	10,0	Grünflächen
3.0.	Kleinbagger	8	12	8,3	12,5	Grünflächen
3.0.	Kompressor	10	15	6,7	10,0	Grünflächen
3.0.	Kopierdrucker	8	12	8,3	12,5	Druckerei
3.0.	Kraftfahrdrehleiter	15	20	5,0	6,7	Brandschutz
3.0.	Kräne, Hebezeuge (fest)	17	25	4,0	5,9	Stadtentwässerung
3.0.	Krananlagen	10	15	6,7	10,0	Grünflächen
3.0.	Kran, Ladekran	10	15	6,7	10,0	Grünflächen
3.0.	Kran, Laufkran	10	15	6,7	10,0	Brandschutz
3.0.	Krankentragen mit Fahrgestell	5	8	12,5	20,0	Rettungsdienst
3.0.	Kranztransportwagen	10	15	6,7	10,0	Bestattung/ Friedhöfe
3.0.	Kreiselstreuer	8	10	10,0	12,5	Grünflächen
3.0.	Kreissäge	7	10	10,0	14,3	Grünflächen
3.0.	Kücheneinrichtung	15	20	5,0	6,7	Allgemein
3.0.	Küchengeräte	10	15	6,7	10,0	Allgemein
3.0.	Kühleinrichtungen	10	15	6,7	10,0	Allgemein
3.0.	Kühlvitrinen	10	15	6,7	10,0	Allgemein
3.0.	Kühlzellen	20	25	4,0	5,0	Bestattung/ Friedhöfe
3.0.	Laboreinrichtungen	15	20	5,0	6,7	Allgemein
3.0.	Laborgeräte	10	15	6,7	10,0	Allgemein
3.0.	Labormühle	15	20	5,0	6,7	Lebensmittelüberwachung

Gruppe	Vermögensgegenstand	Nutzungsdauer/ Jahre ND von	ND bis	lineare Abschreibung v.H. von	bis	Produktbereich
3.0.	Laborwaagen (Präzisionswaagen)	10	15	6,7	10,0	Lebensmittelüberwachung
3.0.	Laborzentrifugen	8	12	8,3	12,5	Lebensmittelüberwachung
3.0.	Laderampe, fahrbar	10	12	8,3	10,0	Allgemein
3.0.	Ladestationen	8	12	8,3	12,5	Werkstätten
3.0.	Lagereinrichtungen	10	15	6,7	10,0	Werkstätten
3.0.	Laubblasgeräte	6	8	12,5	16,7	Grünflächen
3.0.	Leitern, fahrbare	15	20	5,0	6,7	Rettungsdienst
3.0.	Leitpfostenwaschgerät	8	10	10,0	12,5	Straßenverkehr
3.0.	Lichtmaschinenprüfstände	10	15	6,7	10,0	Werkstätten
3.0.	LKW-Waage	15	20	5,0	6,7	Abfallwirtschaft
3.0.	Lötgeräte	10	15	6,7	10,0	Werkstätten
3.0.	Mähgeräte (Rasen-, Sichel-, Spindel-, Balken-, Kreisel-, Frontauslegemäher usw.)	6	8	12,5	16,7	Grünflächen
3.0.	Markierungsmaschine	20	25	4,0	5,0	Straßenverkehr
3.0.	Markisen (außen)	10	15	6,7	10,0	Allgemein
3.0.	Maskendichtprüfgerät	10	12	8,3	10,0	Brandschutz
3.0.	Megacode- Trainer	6	8	12,5	16,7	Rettungsdienst
3.0.	Meßgeräte (Abwasser)	10	15	6,7	10,0	Stadtentwässerung
3.0.	Metallkreissäge	7	10	10,0	14,3	Grünflächen
3.0.	Mikroskope allgemein	6	10	10,0	16,7	Allgemein
3.0.	Mikroskope mit Beleuchtungseinrichtung	10	12	8,3	10,0	Veterinärwesen
3.0.	Mikroskope (Binokularmikroskope)	10	12	8,3	10,0	Lebensmittelüberwachung
3.0.	Montagewerkzeugschrank	8	10	10,0	12,5	Grünflächen
3.0.	Motoren, Elektromotoren	15	20	5,0	6,7	Allgemein
3.0.	Motoren, Dieselmotoren,	15	20	5,0	6,7	Allgemein
3.0.	Motoren, Drehstrommotoren	15	20	5,0	6,7	Allgemein
3.0.	Motorpumpe	6	8	12,5	16,7	Grünflächen
3.0.	Motorsägen	6	8	12,5	16,7	Grünflächen
3.0.	Motorsense	6	8	12,5	16,7	Grünflächen
3.0.	Mulde (Großraummulde)	10	15	6,7	10,0	Grünflächen
3.0.	Mülltonnen	10	15	6,7	10,0	Abfallwirtschaft
3.0.	Mülltonneninstandhaltungsgerät	15	20	5,0	6,7	Abfallwirtschaft
3.0.	Mülltonnentransportkarren	10	12	8,3	10,0	Abfallwirtschaft
3.0.	Nähmaschinen	8	10	10,0	12,5	Schule
3.0.	Narkosegerät	5	7	14,3	20,0	Rettungsdienst
3.0.	Naßschneidetischsäge	6	8	12,5	16,7	Grünflächen
3.0.	Nebelprüfgerät	7	10	10,0	14,3	Stadtentwässerung

Gruppe	Vermögensgegenstand	Nutzungsdauer/ Jahre ND von	ND bis	lineare Abschreibung v.H. von	bis	Produktbereich
3.0.	Nivelliergerät	7	9	11,1	14,3	Grünflächen
3.0.	Palettengabel	10	15	6,7	10,0	Grünflächen
3.0.	Parkscheinautomat	10	15	6,7	10,0	Verkehrsflächen
3.0.	Parkuhren	15	20	5,0	6,7	Verkehrsflächen
3.0.	Permanentsauger	8	10	10,0	12,5	Brandschutz
3.0.	Photometer (Spektral- u. sonstige Photometer)	10	15	6,7	10,0	Lebensmittelüber-wachung
3.0.	Plattenschneider	8	10	10,0	12,5	Grünflächen
3.0.	Preßluftatmer	6	8	12,5	16,7	Brandschutz
3.0.	Preßluftflasche	8	10	10,0	12,5	Brandschutz
3.0.	Preßlufthämmer	6	8	12,5	16,7	Verkehrsflächen
3.0.	Preßlufttauchgerät	6	8	12,5	16,7	Brandschutz
3.0.	Pulsometer	5	8	12,5	20,0	Rettungsdienst
3.0.	Pulversaugmaschine	8	10	10,0	12,5	Brandschutz
3.0.	Pumpen	6	8	12,5	16,7	Allgemein
3.0.	Rasenkantenpflug	6	8	12,5	16,7	Grünflächen
3.0.	Reinigungsgeräte	8	12	8,3	12,5	Gebäudewirtschaft
3.0.	Rettungszylinder	5	8	12,5	20,0	Brandschutz
3.0.	Röntgen- Geräte	8	12	8,3	12,5	Gesundheitswesen
3.0.	Rüttelplatte	8	10	10,0	12,5	Grünflächen
3.0.	Sägen aller Art, stationär	10	15	6,7	10,0	Allgemein
3.0.	Sägen aller Art, mobil	7	10	10,0	14,3	Allgemein
3.0.	Salzstreuer für den Winterdienst	8	10	10,0	12,5	Straßenreinigung
3.0.	Sandstreuer für den Winterdienst	8	10	10,0	12,5	Straßenreinigung
3.0.	Sargversenk- und Hebeanlagen, stationär	40	50	2,0	2,5	Bestattung/ Friedhöfe
3.0.	Sargversenk- und Hebeanlagen, transportabel	10	20	5,0	10,0	Bestattung/ Friedhöfe
3.0.	Sauerstoff- Schutzgerät	10	15	6,7	10,0	Brandschutz
3.0.	Saugschläuche	8	12	8,3	12,5	Brandschutz
3.0.	Schaufeltragen	8	10	10,0	12,5	Rettungsdienst
3.0.	Scheinwerfer	8	10	10,0	12,5	Allgemein
3.0.	Schiebeleiter	10	15	6,7	10,0	Brandschutz
3.0.	Schilder (Verkehrs- u. sonstige Hinweisschild)	15	20	5,0	6,7	Verkehrsflächen
3.0.	Schlaghammer	6	8	12,5	16,7	Verkehrsflächen
3.0.	Schlammbehandlung, Gasspeicherung u.- verwertung, Gasbehälter	17	25	4,0	5,9	Stadtentwässerung
3.0.	Schlauchhaspel	8	10	10,0	12,5	Brandschutz

Grup-pe	Vermögensgegenstand	Nutzungs-dauer/ Jahre ND von	ND bis	lineare Abschrei-bung v.H. von	bis	Produktbereich
3.0.	Schleifbock	10	15	6,7	10,0	Grünflächen
3.0.	Schleifmaschinen, stationär	10	15	6,7	10,0	Werkstätten
3.0.	Schleifmaschinen, mobil	8	10	10,0	12,5	Werkstätten
3.0.	Schneeketten	8	10	10,0	12,5	Allgemein
3.0.	Schneepflüge	10	12	8,3	10,0	Straßenreinigung
3.0.	Schneeräumschild	10	12	8,3	10,0	Straßenreinigung
3.0.	Schneidgerät	8	10	10,0	12,5	Brandschutz
3.0.	Schneidemaschine	8	12	8,3	12,5	Druckerei
3.0.	Schutzanzug (Chemie)	3	5	20,0	33,3	Brandschutz
3.0.	Schweißgeräte	6	10	10,0	16,7	Werkstätten
3.0.	Sehtestgerät (Schnelltester)	8	10	10,0	12,5	Gesundheits-wesen
3.0.	Sehtestgerät (Nykometer)	12	15	6,7	8,3	Gesundheits-wesen
3.0.	Siebdruckanlage	15	20	5,0	6,7	Druckerei
3.0.	Sicherheitslaufroste	10	12	8,3	10,0	Grünflächen
3.0.	Silostreugerät	8	12	8,3	12,5	Straßenreinigung
3.0.	Spielgeräte (Wippe, Rutsche, Schaukel, Klettergeräte usw.)	8	12	8,3	12,5	Grünflächen
3.0.	Sportgeräte (Fitnessgeräte usw.)	10	12	8,3	10,0	Sport
3.0.	Spritzen	6	8	12,5	16,7	Grünflächen
3.0.	Spritzmaschine für Haftkleber	5	8	12,5	20,0	Verkehrsflächen
3.0.	Spritzenpumpen	5	8	12,5	20,0	Rettungsdienst
3.0.	Sprungbrett (Schwimmbad)	10	12	8,3	10,0	Sport
3.0.	Sprungeinrichtungen in Frei- u. Hallenbädern	15	20	5,0	6,7	Sport
3.0.	Spülschlauch	5	8	12,5	20,0	Stadtentwässer-ung
3.0.	Stampf- und Rüttelgeräte	8	10	10,0	12,5	Grünflächen
3.0.	Steckleiter	8	10	10,0	12,5	Brandschutz
3.0.	Sterilisatoren (Heißluft und Gas)	8	10	10,0	12,5	Gesundheits-wesen
3.0.	Strahlenmeßausrüstung	10	12	8,3	10,0	Brandschutz
3.0.	Straßenfräse	5	7	14,3	20,0	Verkehrsflächen
3.0.	Straßenschilder	20	30	3,3	5,0	Verkehrsflächen
3.0.	Streuautomaten für den Win-terdienst	8	12	8,3	12,5	Straßenreinigung
3.0.	Streugutkästen	15	20	5,0	6,7	Straßenreinigung
3.0.	Stromerzeuger	8	10	10,0	12,5	Grünflächen
3.0.	Tauchgerät	8	10	10,0	12,5	Brandschutz
3.0.	Taucheranzug	8	10	10,0	12,5	Brandschutz
3.0.	Taucherschutzhelm	8	10	10,0	12,5	Brandschutz
3.0.	Teerkocher	10	15	6,7	10,0	Verkehrsflächen

Gruppe	Vermögensgegenstand	Nutzungsdauer/ Jahre ND von	ND bis	lineare Abschreibung v.H. von	bis	Produktbereich
3.0.	Teerspritze	10	15	6,7	10,0	Verkehrsflächen
3.0.	Tauchpumpe	5	7	14,3	20,0	Brandschutz
3.0.	Theodolit	7	9	11,1	14,3	Grünflächen
3.0.	Tragestühle	5	8	12,5	20,0	Rettungsdienst
3.0.	Tragkraftspritze	10	15	6,7	10,0	Brandschutz
3.0.	Trennschleifer	8	10	10,0	12,5	Grünflächen
3.0.	Trockenschränke	10	15	6,7	10,0	Lebensmittelüberwachung
3.0.	Ultraschallgeräte	8	10	10,0	12,5	Gesundheitswesen
3.0.	Unkrautbürste	3	5	20,0	33,3	Grünflächen
3.0.	Unkrautspritze	6	8	12,5	16,7	Grünflächen
3.0.	Vakuummatratzen	6	8	12,5	16,7	Rettungsdienst
3.0.	Vermessungsgeräte, elektronisch	5	8	12,5	20,0	Allgemein
3.0.	Vermessungsgeräte, mechanisch	8	12	8,3	12,5	Allgemein
3.0.	Verticutierer	8	10	10,0	12,5	Grünflächen
3.0.	Vollschutzanzug	3	5	20,0	33,3	Brandschutz
3.0.	Vollsichtmasken	3	5	20,0	33,3	Brandschutz
3.0.	Waagen	10	15	6,7	10,0	Allgemein
3.0.	Wärmetherapiegeräte	8	10	10,0	12,5	Gesundheitswesen
3.0.	Waschmaschinen	8	10	10,0	12,5	Allgemein
3.0.	Wäschetrockner	8	10	10,0	12,5	Allgemein
3.0.	Walzenanhänger	10	15	6,7	10,0	Grünflächen
3.0.	Wasserfässer	10	12	8,3	10,0	Grünflächen
3.0.	Wasserpumpe	6	8	12,5	16,7	Verkehrsflächen
3.0.	Wasserschöpfbecken/ Wasserschöpfstellen	20	30	3,3	5,0	Bestattung/ Friedhöfe
3.0.	Wassersauger	12	15	6,7	8,3	Brandschutz
3.0.	Wassertretbecken, massiv	30	40	2,5	3,3	Grünflächen
3.0.	Werkstatteinrichtung	10	15	6,7	10,0	Allgemein
3.0.	Werkstattmaschinen und -geräte	10	15	6,7	10,0	Allgemein
3.0.	Werkzeuge	8	12	8,3	12,5	Werkstätten
3.0.	Winden: Motorwinden	8	12	8,3	12,5	Stadtentwässerung
3.0.	Winden: Handwinden	17	25	4,0	5,9	Stadtentwässerung
3.0.	Winterdienstgeräte allgemein	8	12	8,3	12,5	Straßenreinigung
3.0.	Zentrifugen	8	12	8,3	12,5	Gesundheitswesen

Gruppe	Vermögensgegenstand	Nutzungsdauer/ Jahre ND von	ND bis	lineare Abschreibung v.H. von	bis	Produktbereich
	4.0. Büro- und Geschäftsausstattung einschl. Software					
4.0.	Adressiermaschinen	10	12	8,3	10,0	Poststelle
4.0.	Aktenvernichter	10	12	8,3	10,0	Allgemein
4.0.	Audiovisuelle Geräte (Fernseher, Audio, Video usw.)	7	10	10,0	14,3	Schule
4.0.	Bandlaufwerke	4	5	20,0	25,0	TUI
4.0.	DV-Anlagen (Großrechneranlagen)	4	5	20,0	25,0	TUI
4.0.	Digitalisiertische	5	8	12,5	20,0	TUI
4.0.	Diktiergeräte	8	10	10,0	12,5	Allgemein
4.0.	Drucker (Nadel-, Matrix-, Tintenstrahl- und Laserdrucker)	3	5	20,0	33,3	TUI
4.0.	Einbauspinde	10	15	6,7	10,0	Brandschutz
4.0.	Einsatzkleidung	5	8	12,5	20,0	Brandschutz
4.0.	Erste Hilfe- Schränke	10	15	6,7	10,0	Rettungsdienst
4.0.	Feuerwehrschränke	10	15	6,7	10,0	Brandschutz
4.0.	Flip- Chart	5	8	12,5	20,0	Allgemein
4.0.	Frankiermaschinen	6	8	12,5	16,7	Poststelle
4.0.	Garderobenausstattung	10	15	6,7	10,0	Theater
4.0.	Gartenmöbel	8	12	8,3	12,5	Grünflächen
4.0.	Instrumentenschränke	10	15	6,7	10,0	Gesundheitswesen
4.0.	Instrumententische	10	15	6,7	10,0	Gesundheitswesen
4.0.	Instrumentenwaagen	10	15	6,7	10,0	Gesundheitswesen
4.0.	Kopiergerät	5	7	14,3	20,0	Allgemein
4.0.	Kuvertiermaschinen	10	12	8,3	10,0	Poststelle
4.0.	Lehr- und Lernmaterial	3	5	20,0	33,3	Schule
4.0.	Lesepult	10	15	6,7	10,0	Schule
4.0.	Medientürme	8	10	10,0	12,5	Allgemein
4.0.	Mikrofilmlesegeräte	8	10	10,0	12,5	TUI
4.0.	Möbel (Polstermöbel)	10	15	6,7	10,0	Allgemein
4.0.	Möbel (Einbaumöbel)	20	30	3,3	5,0	Allgemein
4.0.	Musikinstrumente allgemein	10	15	6,7	10,0	Musikschule
4.0.	Musikinstrumente (Streichinstrumente)	8	12	8,3	12,5	Musikschule
4.0.	Musikinstrumente (Blasinstrumente)	10	15	6,7	10,0	Musikschule

Gruppe	Vermögensgegenstand	Nutzungsdauer/ Jahre ND von	ND bis	lineare Abschreibung v.H. von	bis	Produktbereich
4.0.	Musikinstrumente (Schlaginstrumente)	10	15	6,7	10,0	Musikschule
4.0.	Musikinstrumente (Tasteninstrumente)	15	20	5,0	6,7	Musikschule
4.0.	Netzwerkverteiler	4	6	16,7	25,0	TUI
4.0.	Notfallkoffer	3	5	20,0	33,3	Rettungsdienst
4.0.	Overheadprojektoren	7	10	10,0	14,3	Allgemein
4.0.	Paginiermaschinen	10	12	8,3	10,0	Allgemein
4.0.	PC einschl. Server u. Einbaukarten, Workstation, Laptop, Notebook	3	5	20,0	33,3	TUI
4.0.	Plotter	3	5	20,0	33,3	TUI
4.0.	Projektionswände (mobil), Leinwände	7	10	10,0	14,3	Allgemein
4.0.	Registrierkassen	8	10	10,0	12,5	Allgemein
4.0.	Reißwolf	10	12	8,3	10,0	Allgemein
4.0.	Requisiten	8	10	10,0	12,5	Theater
4.0.	Rettungsweste	8	12	8,3	12,5	Brandschutz
4.0.	Scanner	4	5	20,0	25,0	TUI
4.0.	Schuleinrichtungen / Einrichtungen von Kindertagesstätten	10	15	6,7	10,0	Schule
4.0.	Schreibmaschinen	8	10	10,0	12,5	Allgemein
4.0.	Software (Betriebssysteme u. Netzwerk)	3	5	20,0	33,3	TUI
4.0.	Software (Anwendungen Standard)	3	5	20,0	33,3	TUI
4.0.	Software (Anwendungen Spezial)	5	10	10,0	20,0	TUI
4.0.	Stahlschränke	20	25	4,0	5,0	Allgemein
4.0.	Vorhang	7	10	10,0	14,3	Allgemein
4.0.	Tafeln	15	20	5,0	6,7	Schule
4.0.	Teppiche	8	10	10,0	12,5	Allgemein
4.0.	Tresore, Panzerschränke	20	30	3,3	5,0	Allgemein
4.0.	Verkaufstheken	10	15	6,7	10,0	Allgemein
4.0.	Vitrinen/Schaukästen	10	15	6,7	10,0	Allgemein
4.0.	Zeiterfassungsgeräte	8	12	8,3	12,5	TUI

5.0. Fahrzeuge

5.0.	Anhänger (PKW / LKW)	8	10	10,0	12,5	Allgemein
5.0.	Außenbord- Bootsmotor	8	10	10,0	12,5	Brandschutz
5.0.	Baustellensicherungshänger	6	8	12,5	16,7	Verkehrsflächen

Gruppe	Vermögensgegenstand	Nutzungsdauer/ Jahre ND von	ND bis	lineare Abschreibung v.H. von	bis	Produktbereich
5.0.	Benzinabscheiderwagen	7	10	10,0	14,3	Stadtentwässerung
5.0.	Bootsanhänger	8	10	10,0	12,5	Brandschutz
5.0.	Dreiseitenkipper	8	10	10,0	12,5	Verkehrsflächen
5.0.	Einsatzleitwagen	12	14	7,1	8,3	Brandschutz
5.0.	Fäkalienwagen	8	10	10,0	12,5	Stadtentwässerung
5.0.	Feuerlöschfahrzeug	8	10	10,0	12,5	Brandschutz
5.0.	Gabelstapler	8	10	10,0	12,5	Abfallwirtschaft
5.0.	Gerätewagen	10	15	6,7	10,0	Allgemein
5.0.	Hochdruckspülwagen	8	10	10,0	12,5	Stadtentwässerung
5.0.	Kastenwagen	8	12	8,3	12,5	Brandschutz
5.0.	Kleinbus	8	12	8,3	12,5	Grünflächen
5.0.	Kleineinsatzfahrzeug	8	12	8,3	12,5	Grünflächen
5.0.	Kleintraktor	8	10	10,0	12,5	Grünflächen
5.0.	Kleintransporter	8	12	8,3	12,5	Grünflächen
5.0.	Kolonnenfahrzeug	6	8	12,5	16,7	Allgemein
5.0.	Kommandowagen	12	14	7,1	8,3	Brandschutz
5.0.	Kraftfahrdrehleiter	10	15	6,7	10,0	Brandschutz
5.0.	Krafträder	6	8	12,5	16,7	Allgemein
5.0.	Kranwagen	8	10	10,0	12,5	Allgemein
5.0.	Krankentransportwagen	5	7	14,3	20,0	Rettungsdienst
5.0.	Lastkraftwagen	8	12	8,3	12,5	Allgemein
5.0.	Leichenwagen	10	15	6,7	10,0	Bestattung/ Friedhöfe
5.0.	Mannschaftstransportfahrzeuge	8	12	8,3	12,5	Brandschutz
5.0.	Motorboote	8	10	10,0	12,5	Rettungsdienst
5.0.	Motorrad	6	8	12,5	16,7	Allgemein
5.0.	Müllentsorgungsfahrzeug	6	8	12,5	16,7	Abfallwirtschaft
5.0.	Müllverdichter/ Radlader	8	10	10,0	12,5	Abfallwirtschaft
5.0.	Muldenkipper	8	10	10,0	12,5	Grünflächen
5.0.	Notarzteinsatzwagen	5	7	14,3	20,0	Rettungsdienst
5.0.	Personenkraftwagen	8	12	8,3	12,5	Allgemein
5.0.	Planierraupen	8	10	10,0	12,5	Verkehrsflächen
5.0.	Pritschenwagen	8	12	8,3	12,5	Allgemein
5.0.	Radlader	8	10	10,0	12,5	Verkehrsflächen
5.0.	Rettungsboot	10	12	8,3	10,0	Rettungsdienst
5.0.	Rettungstransportwagen	5	7	14,3	20,0	Rettungsdienst
5.0.	Ruderboot	10	15	6,7	10,0	Rettungsdienst
5.0.	Sattelschlepper	8	10	10,0	12,5	Forstwirtschaft
5.0.	Schadstoffmobil (LKW)	6	8	12,5	16,7	Abfallwirtschaft

Gruppe	Vermögensgegenstand	Nutzungsdauer/ Jahre ND von	ND bis	lineare Abschreibung v.H. von	bis	Produktbereich
5.0.	Schlammsaugewagen	8	10	10,0	12,5	Stadtentwässerung
5.0.	Schlauchboot	4	6	16,7	25,0	Rettungsdienst
5.0.	Schlepper	8	12	8,3	12,5	Grünflächen
5.0.	Sinkkästenreinigungswagen	7	10	10,0	14,3	Stadtentwässerung
5.0.	Sonderfahrzeuge	7	10	10,0	14,3	Allgemein
5.0.	Sonstige Spezialfahrzeuge	7	10	10,0	14,3	Stadtentwässerung
5.0.	Straßenablaufreinigungswagen	7	10	10,0	14,3	Stadtentwässerung
5.0.	Streufahrzeuge	8	10	10,0	12,5	Straßenreinigung
5.0.	Tanklöschfahrzeug	10	12	8,3	10,0	Brandschutz
5.0.	Traktoren	8	10	10,0	12,5	Grünflächen
5.0.	Trockentanklöschfahrzeug	10	12	8,3	10,0	Brandschutz
5.0.	Unimog	8	10	10,0	12,5	Grünflächen

Anhang 5

Posten des Anlagevermögens[1]	Anschaffungs- und Herstellungskosten					Abschreibungen						Kennzahlen	
	Anfangsbestand	Zugang +	Abgang ./.	Umbuchungen[2] +/./.	Endstand	Anfangsstand	Abschreibungen im Wirtschaftsjahr[3]	angesammelte Abschreibungen auf die in Spalte 4 ausgewiesenen Abgänge ./.	Endstand	Restbuchwert am Ende des Wirtschaftsjahres[4]	Restbuchwert am Ende des vorangegangenen Wirtschaftsjahres	Durchschnittlicher Abschreibungssatz[5]	Durchschnittlicher Restbuchwert[6]
DM	DM	DM	DM	DM	DM	DM	DM	DM	DM	DM	DM	v. H.[7]	v. H.
1	2	3	4	5	6	7	8	9	10	11	12	13	14

[1] Gemäß Formblatt 8
[2] Umbuchungen von einer Anlagengruppe in eine andere
[3] Zuschreibungen sind in Spalte 8 gesondert aufzuführen.
[4] Spalte 6/ Spalte 10
[5] (Spalte 8 * 100): Spalte 6
[6] (Spalte 11 * 100): Spalte 6
[7] Mit einer Dezimale anzugeben z. B. 56,2 vom Hundert.

Anhang 6

Formblatt 8
Gliederung des Anlagennachweises der Versorgungs- und Verkehrsbetriebe[1)]

I. Stromversorgung
1. Konzessionen, gewerbliche Schutzrechte und ähnliche Rechte sowie Lizenzen an solchen Rechten
2. Grundstücke und grundstücksgleiche Rechte mit Geschäfts-, Betriebs- und anderen Bauten
3. Grundstücke und grundstücksgleiche Rechte mit Wohnbauten
4. Grundstücke und grundstücksgleiche Rechte ohne Bauten
5. Bauten auf fremden Grundstücken, die nicht zu Nummer 2 oder 3 gehören
6. Erzeugungs- und Bezugsanlagen
   - Betriebseinrichtungen der Erzeugung
   - Betriebseinrichtungen des Bezuges
7. Verteilungsanlagen
   - Umspannungs- und Umformungsanlagen
   - Leitungsnetz und Hausanschlüsse
   - Meßeinrichtungen (Licht- und Kraftstromzähler, Meßwandler, Schaltuhren, Höchstlastanzeiger usw. einschließlich Lager bestand)
   - (Straßenbeleuchtung)
8. Maschinen und maschinelle Anlagen, die nicht zu Nummer 6 oder 7 gehören
9. Betriebs- und Geschäftsausstattung

II. Gasversorgung
1. Konzessionen, gewerbliche Schutzrechte und ähnliche Rechte sowie Lizenzen an solchen Rechten
2. Grundstücke und grundstücksgleiche Rechte mit Geschäfts-, Betriebs- und anderen Bauten
3. Grundstücke und grundstücksgleiche Rechte mit Wohnbauten
4. Grundstücke und grundstücksgleiche Rechte ohne Bauten
5. Bauten auf fremden Grundstücken, die nicht zu Nummer 2 oder 3 gehören
6. Erzeugungs- und Bezugsanlagen
   - Betriebseinrichtungen der Erzeugung
   - Betriebseinrichtungen des Bezugs
7. Verteilungsanlagen
   - Speicherung, Verdichtung, Druckregelung
   - Leitungsnetz und Hausanschlüsse
   - Meßeinrichtungen (einschließlich Lagerbestand)
   - (Straßenbeleuchtung)
8. Maschinen und maschinelle Anlagen, die nicht zu Nummer 6 oder 7 gehören
9. Betriebs- und Geschäftsausstattung

III. Wasserversorgung
1. Konzessionen, gewerbliche Schutzrechte und ähnliche Rechte sowie Lizenzen an solchen Rechten
2. Grundstücke und grundstücksgleiche Rechte mit Geschäfts-, Betriebs- und anderen Bauten
3. Grundstücke und grundstücksgleiche Rechte mit Wohnbauten
4. Grundstücke und grundstücksgleiche Rechte ohne Bauten
5. Bauten auf fremden Grundstücken, die nicht zu Nummer 2 oder 3 gehören
6. Wassergewinnungs- und Bezugsanlagen
   - Betriebseinrichtungen der Gewinnung
   - Betriebseinrichtungen des Bezuges
7. Verteilungsanlagen
   - Speicheranlagen
   - Leitungsnetz und Hausanschlüsse
   - Meßeinrichtungen (einschließlich Lagerbestand)
8. Maschinen und maschinelle Anlagen, die nicht zu Nummer 6 oder 7 gehören
9. Betriebs- und Geschäftsausstattung

IV. Verkehrsbetriebe
  1. Konzessionen, gewerbliche Schutzrechte und ähnliche Rechte sowie Lizenzen an solchen Rechten
  2. Grundstücke und grundstücksgleiche Rechte mit
     a) Geschäfts-, Betriebs- und anderen Bauten
     b) Bahnkörper und Bauten des Schienenweges
  3. Grundstücke und grundstücksgleiche Rechte und Wohnbauten
  4. Grundstücke und grundstücksgleiche Rechte ohne Bauten
  5. Bauten auf fremden Grundstücken, die nicht zu Nummer 2 oder 3 gehören
  6. Gleisanlagen, Streckenausrüstung und Sicherungsanlagen
  7. Fahrzeuge für Personen- und Güterverkehr
  8. Maschinen und maschinelle Anlagen, die nicht zu Nummer 6 oder 7 gehören
  9. Betriebs- und Geschäftsausstattung

V. Gemeinsame Anlagen
  1. Grundstücke und grundstücksgleiche Rechte mit Geschäfts-, Betriebs- und anderen Bauten
  2. Grundstücke und grundstücksgleiche Rechte mit Wohnbauten
  3. Grundstücke und grundstücksgleiche Rechte ohne Bauten
  4. Bauten auf fremden Grundstücken, die nicht zu Nummer 1 oder 2 gehören
  5. Maschinen und maschinelle Anlagen
  6. Betriebs- und Geschäftsausstattung

VI. Anlagen im Bau und Anzahlungen auf Anlagen
  1. Stromversorgung
  2. Gasversorgung
  3. Wasserversorgung
  4. Verkehrsbetriebe
  5. Gemeinsame Anlagen

VII. Finanzanlagen
  1. Anteile an verbundenen Unternehmen[2]
  2. Ausleihungen an verbundene Unternehmen[2]
  3. Beteiligungen
  4. Ausleihungen an Unternehmen, mit denen ein Beteiligungsverhältnis besteht
  5. Wertpapiere des Anlagevermögens
  6. Sonstige Ausleihungen

---

[1] Diese Gliederung gilt sinngemäß für andere Betriebe; sie ist erforderlichenfalls zu ergänzen. Bei den Posten des Anlagevermögens sind unbeschadet einer weiteren Aufgliederung die Positionen AI bis III der Bilanz zugrunde zu legen.
[2] Die Begriffsbestimmung des § 15 AktG findet sinngemäß Anwendung.

Anhang 7

Formblatt 4
Bilanz

Aktivseite

A. Anlagevermögen:

I. Immaterielle Vermögensgegenstände
  1. Konzessionen, gewerbliche Schutzrechte und ähnliche Rechte und Werte sowie Lizenzen an solchen Rechten und Werten
  2. Geleistete Anzahlungen

II. Sachanlagen:
  1. Grundstücke und grundstücksgleiche Rechte mit
     a) Geschäfts-, Betriebs- und anderen Bauten
     b) Bahnkörpern und Bauten des Schienenweges
  2. Grundstücke und grundstücksgleiche Rechte mit Wohnbauten
  3. Grundstücke und grundstücksgleiche Rechte ohne Bauten
  4. Bauten auf fremden Grundstücken, die nicht zu Nummer 1 und 2 gehören
  5. Erzeugungs-, Gewinnungs-, Bezugs-, Reinigungs- und Entsorgungsanlagen[1]
  6. Verteilungs- und Sammlungsanlagen[1]
  7. Gleisanlagen, Streckenausrüstung und Sicherheitsanlagen
  8. Fahrzeuge für Personen- und Güterverkehr
  9. Maschinen und maschinelle Anlagen, die nicht zu Nummer 5 bis 8 gehören
  10. Betriebs- und Geschäftsausstattung
  11. Geleistete Anzahlungen und Anlagen im Bau

III. Finanzanlagen:
  1. Anteile an verbundenen Unternehmen[2]
  2. Ausleihungen an verbundene Unternehmen[2]
  3. Beteiligungen
  4. Ausleihungen an Unternehmen, mit denen ein Beteiligungsverhältnis besteht
  5. Wertpapiere des Anlagevermögens
  6. Sonstige Ausleihungen

B. Umlaufvermögen:

I. Vorräte:
  1. Roh-, Hilfs- und Betriebsstoffe
  2. unfertige Erzeugnisse, unfertige Leistungen
  3. fertige Erzeugnisse und Waren
  4. geleistete Anzahlungen

II. Forderungen und sonstige Vermögensgegenstände:
  1. Forderungen aus Lieferungen und Leistungen[3]
     davon mit einer Restlaufzeit von mehr als einem Jahr
  2. Forderungen gegen verbundene Unternehmen[2]
     davon mit einer Restlaufzeit von mehr als einem Jahr
  3. Forderungen gegen Unternehmen, mit denen ein Beteiligungsverhältnis besteht
     davon mit einer Restlaufzeit von mehr als einem Jahr
  4. Forderungen an die Gemeinde/andere Eigenbetriebe[4]
     davon mit einer Restlaufzeit von mehr als einem Jahr
  5. Sonstige Vermögensgegenstände

III. Wertpapiere:
  1. Anteile an verbundenen Unternehmen[2]
  2. Sonstige Wertpapiere

IV. Schecks, Kassenbestand, Bundesbank- und Postgiroguthaben, Guthaben bei Kreditinstituten

C. Rechnungsabgrenzungsposten

Passivseite

A. **Eigenkapital:**
I. *Stammkapital*
II. *Rücklagen:*
   1. Allgemeine Rücklage
   2. Zweckgebundene Rücklagen
III. *Gewinn/Verlust:*
      Gewinn/Verlust des Vorjahres   _____

      Verwendung für _____ /Ausgleich durch _____   _____

                                                                       _____

      Jahresgewinn/Jahresverlust   _____   _____

B. **Sonderposten mit Rücklagenanteil**[5]
C. **Empfangene Ertragszuschüsse**
D. **Rückstellungen:**
   1. Rückstellungen für Pensionen und ähnliche Verpflichtungen
   2. Steuerrückstellungen
   3. Sonstige Rückstellungen
E. **Verbindlichkeiten:**
   1. Anleihen
      davon mit einer Restlaufzeit bis zu einem Jahr
   2. Verbindlichkeiten gegenüber Kreditinstituten
      davon mit einer Restlaufzeit bis zu einem Jahr
   3. erhaltene Anzahlungen auf Bestellungen
      davon mit einer Restlaufzeit bis zu einem Jahr
   4. Verbindlichkeiten aus Lieferungen und Leistungen
      davon mit einer Restlaufzeit bis zu einem Jahr
   5. Verbindlichkeiten aus der Annahme gezogener Wechsel und der Ausstellung eigener Wechsel
   6. Verbindlichkeiten gegenüber verbundenen Unternehmen[2]
      davon mit einer Restlaufzeit bis zu einem Jahr
   7. Verbindlichkeiten gegenüber Unternehmen, mit denen ein Beteiligungsverhältnis besteht
      davon mit einer Restlaufzeit bis zu einem Jahr
   8. Verbindlichkeiten gegenüber der Gemeinde/anderen Eigenbetrieben
      davon mit einer Restlaufzeit bis zu einem Jahr
   9. Sonstige Verbindlichkeiten
      davon
      a) mit einer Restlaufzeit bis zu einem Jahr
      b) aus Steuern
      c) im Rahmen der sozialen Sicherheit

F. **Rechnungsabgrenzungsposten**

---

[1] Anlagen der Energie- und Wasserversorgung, der Abwasserbeseitigung, der Abfallentsorgung
[2] Die Begriffsbestimmung des § 15 AktG findet sinngemäß Anwendung.
[3] Unter Abgrenzung der Verbrauchsabrechnung auf den Bilanzstichtag
[4] Ohne Forderungen aus Umsatzerlösen; diese sind unter Forderungen aus Lieferungen und Leistungen auszuweisen.
[5] Die Vorschriften, nach denen der Sonderposten gebildet wurde, sind im Anhang anzugeben.

Anhang 8

Formblatt 5
Gewinn- und Verlustrechnung

1. Umsatzerlöse[1] ....
2. Erhöhung oder Verminderung des Bestands an fertigen und unfertigen Erzeugnissen ....
3. andere aktivierte Eigenleistungen ....
4. sonstige betriebliche Erträge ....
   davon Auflösungen von Sonderposten mit Rücklageanteil ....
5. Materialaufwand:
   a) Aufwendungen für Roh-, Hilfs- und Betriebsstoffe und für bezogene Waren[2] ....
   b) Aufwendungen für bezogene Leistungen ....
6. Personalaufwand:
   a) Löhne und Gehälter[3] ....
   b) soziale Abgaben und Aufwendungen für Altersversorgung und für Unterstützung[3] ....
   davon für Altersversorgung ....
7. Abschreibungen:
   a) auf immaterielle Vermögensgegenstände des Anlagevermögens und Sachanlagen ....
   davon nach § 253 Abs. 2 Satz 3 HGB ....
   b) auf Vermögensgegenstände des Umlaufvermögens, soweit diese die im Unternehmen üblichen Abschreibungen überschreiten ....
   davon nach § 253 Abs. 3 Satz 3 HGB ....
8. sonstige betriebliche Aufwendungen[4] ....
   davon Zuführungen zu Sonderposten mit Rücklageanteil ....
9. Erträge aus Beteiligungen ....
   davon aus verbundenen Unternehmen[5] ....
10. Erträge aus anderen Wertpapieren und Ausleihungen des Finanzanlagevermögens ....
    davon aus verbundenen Unternehmen[5] ....
11. sonstige Zinsen und ähnliche Erträge ....
    davon aus verbundenen Unternehmen[5] ....
12. Abschreibungen aus Finanzanlagen und auf Wertpapiere des Umlaufvermögens ....
13. Zinsen und ähnliche Aufwendungen ....
    davon an verbundene Unternehmen[5] ....
14. Ergebnis der gewöhnlichen Geschäftstätigkeit ....
15. Erträge aus Gewinngemeinschaften, Gewinnabführungs- und Teilgewinnabführungsverträgen ....
16. Aufwendungen aus Verlustübernahme ....
17. außerordentliche Erträge ....
18. außerordentliche Aufwendungen ....
19. außerordentliches Ergebnis ....
20. Steuern vom Einkommen und vom Ertrag ....
21. sonstige Steuern ....
22. Jahresgewinn/Jahresverlust ....

Nachrichtlich

Verwendung des Jahresgewinns	oder	Behandlung des Jahresverlustes	
a) zur Tilgung des Verlustvortrages	....	a) zu tilgen aus dem Gewinnvortrag	....
b) zur Einstellung in Rücklagen	....	b) aus dem Haushalt der Gemeinde auszugleichen	....
c) zur Abführung an den Haushalt der Gemeinde	....	c) auf neue Rechnung vorzutragen	....
d) auf neue Rechnung vorzutragen	....		

1) Einschließlich Auflösung der passivierten Ertragszuschüsse
2) Materiallieferungen und Fremdleistungen für Anlagenzugänge sind unmittelbar zu aktivieren, soweit nicht abrechnungstechnische Gründe entgegenstehen.
3) Einschließlich aktivierter Beträge
4) Einschließlich Konzessions- und Wegeentgelte
5) Die Begriffsbestimmung des § 15 AktG findet sinngemäß Anwendung.

Printed by Libri Plureos GmbH
in Hamburg, Germany